FLASH!
Méthode de français

Troisième édition revue et augmentée

Emmanuel ANTIER, Junko MIKAMI, Michel SAGAZ

SURUGADAI
SHUPPANSHA

ご採用の先生方には，授業用にフラッシュカード120枚とポスター4枚をお送りいたします．また，本書の音声，教科書準拠の練習帳，及びフラッシュカードを使った Power Point による練習問題のスライド（解答の音声入り）は，駿河台出版社の下記 URL から無料でダウンロードしていただけます．

Le jeu de 120 *flashcards* et les 4 posters sont offerts aux enseignants qui commandent le manuel *FLASH!* pour leurs classes. Par ailleurs, les pistes audio du manuel, le cahier d'exercices de l'apprenant, ainsi que des diaporamas PowerPoint (avec l'enregistrement sonore des réponses) sont téléchargeables gratuitement à partir du lien suivant :

http://www.e-surugadai.com/books/isbn978-4-411-01132-9

本書の作成にあたってご協力いただいたすべての皆様，とりわけ，写真の使用を快くお認めくださった Jean PUYO さん，Jérôme GRELET さん，細江真理子さん及びオルレアン市役所の方々，魅力的なイラストを描いてくださった小熊未央さん，そして私どもの企画に理解を示しその実現にお力添えをいただいた駿河台出版社の井田洋二社長と上野名保子編集長に心より感謝申し上げます．

Nous remercions chaleureusement l'ensemble des personnes qui ont collaboré à l'édition de ce manuel, en particulier Monsieur Yoji IDA et Madame Naoko UENO des Éditions SURUGADAI pour leur confiance en notre projet, Madame Mio OGUMA pour l'ensemble des illustrations, ainsi que Monsieur Jean PUYO, Monsieur Jérôme GRELET, Madame Mariko HOSOE et la mairie d'Orléans pour avoir généreusement autorisé l'usage de leurs photos.

表紙・フラッシュカード・本文イラスト：小熊未央
写真提供：ⓒ Jean PUYO
　　　　　p.6, p.8, p.17, p.34 マルトロワ広場とジャンヌ・ダルクの騎馬像，p.38 ジャンヌ・ダルク祭，
　　　　　p.42, p.44, p.54, p.56, p.60, p.62 レピュブリック通り，p.64, p.66, p.80, p.82.

　　　　　ⓒ Jérôme GRELET
　　　　　p.78 オルレアン市役所，p.14 オルレアン大学キャンパス．

　　　　　細江真理子
　　　　　p.24, p.40, p.44.

『フラッシュ！』（全 18 課, 基本各課 4 ページ）は, 日本人初学者のためのフランス語教科書です. フランス語は日本語とは大きく異なる言語なので, コミュニケーションの基礎を身につけるためには, たくさんの反復練習を行う必要があります. そこで本書では, 学習者の皆さんが楽しみながらトレーニングできるように, 様々な工夫を凝らしました. 以下に本書の使い方についてアドバイスします.

❖ 各課 4 ページの構成は, 1 ページ目 **MINI-DIALOGUES/ GRAMMAIRE**：コミュニケーションパターンと文法事項を学習 → 2 ページ目 **ENTRAÎNEZ-VOUS！**：基本事項の反復トレーニング→ 3 ページ目 **DIALOGUE**：会話を聞いて, 読む→ 4 ページ目 **COMPRÉHENSION ET EXPRESSION**：会話の内容確認と会話のロールプレイ→ **À VOUS**：応用練習, となっています. 各ステップの課題にしっかり取り組みましょう.

❖ 重要単語やコミュニケーションパターンは **VOCABULAIRE FLASHCARDS** の絵, 先生が教室で見せるフラッシュカード, 絵のページなど, 絵を使った練習で覚えます. 家で復習する時も, 絵を見ただけで文字を見なくても単語や表現が言えるように練習しましょう.

❖ 教室での反復練習, 応用練習は大部分がペアワークです. ペアの相手とアイデアを出し合い, お互いに間違いを恐れず大きな声で話しましょう.

❖ 応用練習のモデルとなるのは, 日本人大学生の大介とオルレアンの仲間たちの会話です. 物語を追いながら, 繰り返し聞き発音し, 会話を覚える努力をしてから応用練習に進みましょう. 家で復習する時も必ず音声を聞き, 一緒に発音してください.

❖ 3 つの文化紹介 **CIVILISATION** を読む前には, まずクイズに挑戦しましょう.

❖ このたびの改訂にあたり, 意欲的な学習者のために新たに 2 ページ構成の 17 課, 18 課を加え, 録音内容や巻末の単語集などを充実させました. ぜひ練習や復習の際に役立ててください.

ことばの学習はスポーツと似たところがあります. 絵を見て覚えた単語, 耳で聞き, 声に出し, 手を使って書いて覚えた表現や会話, それこそが体を通じて身につけたコミュニケーションの基礎です. 一度泳げるようになった子供が生涯泳ぎを忘れることがないように, コミュニケーションの基礎を身につければ, フランス語は生涯あなたの友となるでしょう.

教室の仲間と力を合わせ, 本書を活用して, フランス語によるコミュニケーションの確実な第一歩を踏み出してください. 皆さんのご健闘を心からお祈りしています.

著者一同

目 次　Tableau des contenus

Bonjour !

こんにちは！

DÉCOUVREZ !

1 次の国旗のうち，フランスの国旗はどれでしょう．他の国旗もどこの国のものかわかりますか．
Regardez ces drapeaux. Lequel est celui de la France ? Reconnaissez-vous les autres drapeaux ?

a)   b)   c)   d)   e)

(002) **2** 次の録音を聞いて，どれがフランス語かあててください．他も何語かわかりますか．国旗の記号で答えましょう．
Écoutez ces enregistrements. Lequel est en français ? Reconnaissez-vous les autres langues ? Associez chaque langue à un drapeau.

1. __   2. __   3. __   4. __   5. __

a)   b)   c)   d)   e)

3 次の文章を見て，どれがフランス語かあててください．他も何語かわかりますか．国旗の記号で答えましょう．
Observez ces textes. Lequel est en français ? Reconnaissez-vous les autres langues ? Associez chaque langue à un drapeau.

a)   b)   c)   d)   e)

1. Todos los seres humanos nacen libres e iguales en dignidad y derechos y, dotados de razón y conciencia, tienen el deber de comportarse fraternalmente los unos con los otros.

2. Tous les êtres humains naissent libres et égaux en dignité et en droits. Ils sont doués de raison et de conscience et doivent agir les uns envers les autres dans un esprit de fraternité.

3. All human beings are born free and equal in dignity and rights. They are endowed with reason and conscience and should act towards one another in a spirit of brotherhood.

4. Alle Menschen sind frei und gleich an Würde und Rechten geboren. Sie sind mit Vernunft und Gewissen begabt und sollen einander im Geist der Brüderlichkeit begegnen.

5. Tutti gli esseri umani nascono liberi ed eguali in dignità e diritti. Essi sono dotati di ragione e di coscienza e devono agire gli uni verso gli altri in spirito di fratellanza.

4 フランスの人口はどれくらいか知っていますか. Savez-vous combien il y a d'habitants en France environ ?

1) ４千３百万　　2) ６千７百万　　3) ７千６百万　　4) １億２千４百万

5 次の都市は地図の中のどれでしょう.（　　）に番号を入れましょう. 注：裏見返しにフランスの地図があります.
Indiquez sur la carte où se trouvent les villes suivantes. NB : Vous pouvez vous aider de la carte de la France à la fin du manuel.

a) Marseille　（　）
b) Nantes　（　）
c) Lyon　（　）
d) Paris　（　）
e) Strasbourg　（　）
f) Toulouse　（　）
g) Lille　（　）
h) Bordeaux　（　）

6 次の国のうち，フランスと国境を接している国はどこでしょう. 注：裏見返しにフランスとヨーロッパの地図があります. Choisissez parmi les pays suivants ceux qui partagent une frontière avec la France. NB : Vous pouvez vous aider des cartes de la France et de l'Europe à la fin du manuel.

1) Espagne　　　2) Italie　　　3) Suède　　　4) Belgique
5) Hollande　　6) Suisse　　7) Allemagne　　8) Luxembourg

7 フランス語が公用語または行政語として使用されているのはどの大陸でしょう. 注：12ページにフランス語圏の地図があります. Sur quels continents est parlé le français (langue officielle ou administrative) ? NB : Vous pouvez vous aider de la carte de la francophonie de la page 12.

1) Afrique　　2) Asie　　3) Amérique　　4) Europe　　5) Océanie

8 次の国のうち，フランス語を公用語または行政語としている国はどこでしょう. 注：12ページにフランス語圏の地図があります. Choisissez parmi les pays suivants ceux qui ont le français comme langue officielle ou administrative. NB : Vous pouvez vous aider de la carte de la francophonie de la page 12.

1) Espagne　　　2) Sénégal　　　3) Suède　　　4) Belgique
5) Hollande　　6) Suisse　　7) Maroc　　8) Luxembourg
9) Portugal　　10) Algérie　　11) Canada　　12) Mali

9 日本に住んでいるフランス人は何人くらいだと思いますか.
À votre avis, environ combien de Français habitent au Japon ?

1) 10 000　　2) 15 000　　3) 25 000　　4) 50 000　　5) 100 000

10 フランスに住んでいる日本人は何人くらいだと思いますか.
À votre avis, environ combien de Japonais habitent en France ?

1) 10 000　　2) 15 000　　3) 25 000　　4) 50 000　　5) 100 000

Bonjour et bienvenue !
こんにちは　そして　ようこそ！

　この教科書『フラッシュ』では，フランスのオルレアンで1年間フランス語を勉強する日本人大学生，山本大介の冒険を追います．

　大介は日本の大学でフランス語を勉強しています．高校生の時にジャンヌ・ダルクに想をえたマンガ『ジャンヌ』を読んでフランスに興味を持ち，独学でフランス語を学び始めました．ジャンヌ・ダルクの生涯にも関心をもっています．

　大介は1年の予定でフランスに出発します．オルレアン大学のフランス語学院でフランス語を勉強するつもりです．オルレアンを選んだのはジャンヌ・ダルクに惹かれていたからです．

　フランスに出発する前夜に，大介は「ジャンヌを探せ」という声を聞きました．「ジャンヌ」って誰のこと？　まさかあのジャンヌ・ダルク？　ぼんやりしていて，夢の中で声を聞いただけなのか？

　ともかく，大介は「ジャンヌを探せ」という使命を真剣に受け取り，ジャンヌを探そうと思っています．けれども本当は，フランス人の恋人を探そうとしているのかもしれません．

　大介と一緒にジャンヌを探す旅に出ましょう．そして，彼の波乱に満ちたフランスでの学生生活にもつき合ってください．

Bon voyage !
どうぞよい旅を！

昔々…　Il était une fois...

　昔々，ジャンヌ・ダルクという少女がいました．この名は聞いたことがあるでしょう？　彼女は 15 世紀の初め頃，フランス王国はロレーヌ地方のドンレミという村に住んでいました．現在のヴォージュ県にある村です．両親は裕福な農民で，兄が 3 人と姉 1 人，ジャンヌは末っ子でした．

　信心深く真面目な性格でしたが，他の女の子たちと特に変わらず，遊び，歌い，踊り，泣いたり笑ったりする毎日でした．当時の田舎の少女の仕事は裁縫，炊事，掃除などですが，ジャンヌの子供時代もそれと同じで，さらに畑仕事や家畜の世話もしていました．

　ではどうして，わずか 16 歳にしてこの少女は，フランスの王国と王太子を救おうなどという，当時としては信じられないような決心をしたのでしょうか．

　まず歴史的状況があります．14 世紀半ばからフランス王国とイギリス王国の間で戦われた百年戦争は，フランス北部と南西部を制圧したイギリス軍がもはや勝利目前，王太子シャルルの廃位も確実な情勢でした．

　次に，13 歳の頃からジャンヌには宗教的神秘体験があって，いまや大天使ミカエル（フランス王国の守護者）や聖カトリーヌ，聖マルグリットの声が聞こえ始めていました．これらの声は，フランスをイギリスの手から救えとの使命を絶えず彼女に告げていました．

　16 歳の若さで，彼女は，それまでに受けた教育，女性という地位，当時の社会常識などの壁を乗り越えて，この使命に身を捧げることになるのです．

　こうしてジャンヌは，王太子シャルルと対面した後，フランス軍を率い，イギリス軍を撃破してオルレアンを解放し，ランスでシャルルの戴冠を実現させます．つまり，彼女は百年戦争の流れを一変させたのです．

　ジャンヌ・ダルクは 19 歳で火刑に処せられました．短い一生でしたが，その驚くべき生涯は 500 年以上たった今もなお私たちを魅了しつづけています．

　ジャンヌ・ダルクはこれまでしばしば，とりわけ極右勢力によって政治的に利用されてきましたが，彼女はそんなことは望まなかったでしょう．前に言ったように，カトリックの信仰と聖人たちの「声」の啓示に強く影響を受けた個人的信念，彼女はそうした信念にしたがって行動しただけなのだと私は思います．

　皆さんも，フランス史上重要なこの人物について，本を読んだりインターネットを検索したりして，もっと詳しく調べてみてください．

ジャンヌとその時代

Jeanne et son époque

1412 年 1 月 6 日
・ジャンヌ・ダルク生まれる．

1425 年
・13 歳で聖人の声が聞こえ始める．

1428 年 10 月
・イギリス軍がオルレアンを攻囲．

1429 年
・4 月 29 日　ジャンヌ・ダルク，オルレアンに入る．
・5 月 8 日　オルレアン解放．
・7 月 17 日　ランス大聖堂で，シャルル 7 世がフランス国王として戴冠．ジャンヌ・ダルクも参列．

1430 年
・5 月 23 日　コンピエーニュでブルゴーニュ軍に捕らえられる．
・11 月 21 日　1 万エキュの身代金でイギリス軍に身柄を引き渡される．

1431 年
・1 月～5 月　ルーアンでジャンヌ・ダルクの異端審問．
・5 月 30 日　ルーアンのヴィユー・マルシェ（旧市場）広場で火刑に処せられる．この時わずか 19 歳．

1456 年
・名誉回復．

(003) 1 会話を聞きましょう．*Écoutez le dialogue.*

2 2人で会話を読んでみましょう．*À deux. Lisez-le.*

Je m'appelle Daisuke.

パリのシャルルドゴール空港で，大介は荷物とともに通関の順番を待っている．突然，きれいな娘が彼に話しかける．ジャンヌだろうか．*À l'aéroport de Paris-Charles-de-Gaulle, Daisuke attend avec ses bagages pour passer la douane. Soudain, une jeune et jolie fille lui adresse la parole. Est-ce que c'est Jeanne ?!*

María: Bonjour !

Daisuke: Salut ! Tu t'appelles comment ?

María: Je m'appelle María. Et toi ?

Daisuke: （がっかりして，でもその様子は見せず）

Je m'appelle Daisuke. Enchanté !

María: Enchantée ! Tu es français ?

Daisuke: Non, je suis japonais. Et toi ?

María: Je suis espagnole. Tu es étudiant ?

Daisuke: Oui, je suis étudiant. Et toi ?

María: Moi aussi, je suis étudiante.

（大介に手招きしている税関の係員に気づいて，大介に）

Au revoir !

Daisuke: Au revoir !

1 マリアと大介は何と言っているのでしょうか．ペアになり，一緒に次の単語の意味を考えてみましょう．
Mais que disent María et Daisuke ? Avec votre voisin(e), essayez de trouver le sens de ces mots.

1. こんにちは！ ↔ _____
2. やぁ！ ↔ _____
3. _____ ↔ Tu t'appelles comment ?
4. 私の名前は～です． ↔ _____
5. あなたは？ ↔ _____
6. _____ ↔ Enchanté !
7. フランス人ですか？ ↔ _____
8. 私は日本人です． ↔ _____
9. _____ ↔ Je suis espagnole.
10. _____ ↔ Je suis étudiant.
11. _____ ↔ Moi aussi.
12. _____ ↔ Au revoir !

2 会話をよく観察して表をうめましょう．Observez le dialogue et complétez le tableau suivant.

男性 m.		japonais	français	
女性 f.	étudiante			enchantée

3 会話を聞いてシャドーイングしましょう．Écoutez et répétez le dialogue en faisant du *shadowing**.
＊注：シャドーイングは会話の応答を聞きながらイントネーション等をまねて同時に発音する練習です．
* Note : le shadowing consiste à répéter les répliques du dialogue en même temps que vous les entendez, en imitant l'intonation, la prosodie, etc.

4 発音やイントネーションをできるだけ上手に再現しながら，2人で会話してみましょう．
À deux. Jouez les dialogues en essayant de reproduire au mieux la prononciation et l'intonation, et de lire le moins possible.

5 ペアになり，大介とマリアの会話のパターンで，お互いに自分のことを話してみましょう．
Avec votre voisin(e), reproduisez le dialogue entre Daisuke et María pour parler de vous.

6 聞いて繰り返しましょう．Écoutez et répétez.

A, B, C, D, E, F, G, H, I, J, K, L, M, N, O, P, Q, R, S, T, U, V, W, X, Y, Z.

7 次に読まれる単語の綴りを書きましょう．Écoutez et écrivez les lettres de manière à former un mot.

1) _ _ _ _ _ _   3) _ _ _ _ _ _ _   5) _ _ _ _ _ _ _
2) _ _ _ _ _   4) _ _ _ _ _ _ _   6) _ _ _ _ _ _ _

8 例にならって，あなたの名前の綴りを言いましょう．À deux. Sur le modèle suivant, épelez votre nom.

Ex. : – Tu t'appelles comment ?
– Je m'appelle Daisuke YAMAMOTO.
– Ça s'écrit comment ?
– Ça s'écrit D.A.I.S.U.K.E, Y.A.M.A.M.O.T.O.

LA FRANCOPHONIE

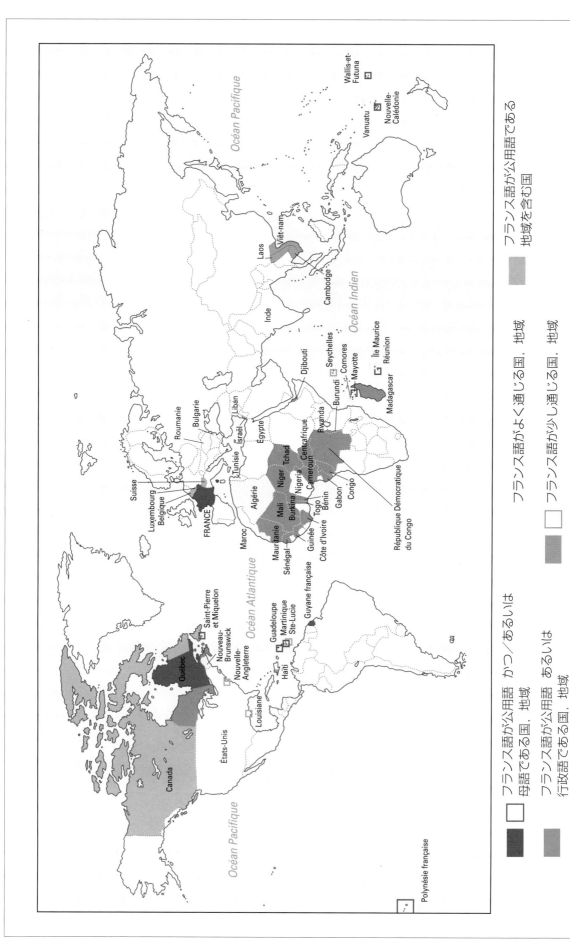

凡例:

フランス語が公用語 かつ／あるいは
母語である国，地域

フランス語が公用語 あるいは
行政語である国，地域

フランス語がよく通じる国，地域

フランス語が少し通じる国，地域

フランス語が公用語である
地域を含む国

Océan Pacifique
Océan Atlantique
Océan Indien

Canada
États-Unis
Québec
Nouvelle-Angleterre
Nouveau-Brunswick
Saint-Pierre et Miquelon
Louisiane
Guadeloupe
Martinique
Ste-Lucie
Haïti
Guyane française
Polynésie française

FRANCE
Suisse
Luxembourg
Belgique
Maroc
Algérie
Tunisie
Roumanie
Bulgarie
Israël
Liban
Égypte
Mauritanie
Sénégal
Mali
Niger
Tchad
Burkina
Guinée
Côte d'Ivoire
Togo
Bénin
Nigeria
Cameroun
Centrafrique
Gabon
Congo
République Démocratique du Congo
Rwanda
Burundi
Djibouti
Seychelles
Comores
Mayotte
Île Maurice
Réunion
Madagascar
Inde
Laos
Viêt-nam
Cambodge
Vanuatu
Nouvelle-Calédonie
Wallis-et-Futuna

Leçon 1

Je suis étudiant.
私は学生です．

- 職業・身分を言う
  Dire la profession / l'occupation
- 国籍を言う
  Dire la nationalité

Leçon 2

J'habite au Japon.
私は日本に住んでいます．

- 話せる言語を言う
  Dire les langues que l'on parle
- 住んでいる所を尋ねる・言う
  Demander / dire le lieu d'habitation
- 数（0 − 19）
  Les nombres

Leçon 3

J'ai 19 (dix-neuf) ans.
私は19歳です．

- 家族について話す
  Parler de sa famille
- 年齢を尋ねる・言う
  Demander / dire l'âge
- 数（20 − 100）
  Les nombres

Leçon 4

J'adore la cuisine française !
私はフランス料理が大好きです．

- 好みを言う
  Parler de ses goûts
- 理由を尋ねる・言う
  Demander / dire la raison

Je suis étudiant.
私は学生です.

MINI-DIALOGUES

聞いて発音を練習しましょう. 次に2人で会話してみましょう. Écoutez, répétez, puis jouez ces dialogues avec votre voisin(e).

007 **1** 職業・身分を言う Dire la profession / l'occupation

Tu es étudiant ?

Oui, je suis étudiant.

008 **2** 国籍を言う Dire la nationalité

Vous êtes chinoise ?

Non, je ne suis pas chinoise. Je suis japonaise.

GRAMMAIRE

1 主語人称代名詞と動詞 être（英語の be）　　**009**

je	suis	nous	sommes
tu	es	vous	êtes
il	est	ils	sont
elle	est	elles	sont

- tu は親しい間柄で使われる「君」, vous は丁寧な「あなた」と複数の「君たち」,「あなた方」

2 形容詞と名詞の性・数変化　　**010**

下の説明を読んで表を完成させましょう.
Lisez les explications, puis complétez le tableau suivant.

男性単数 *m.s.*	女性単数 *f.s.*	男性複数 *m.pl.*	女性複数 *f.pl.*
étudiant			
		journalistes	
	japonaise		
			chanteuses
italien			

- 職業を表す名詞や形容詞には性数の変化がある.
- 男性形 + e で女性形, 単数形 + s で複数形を作る.
- 特殊な女性形　−eur → −euse, −en → −enne
- e で終わる男性形は女性形も同形
- s で終わる男性形は男性複数形も同形

3 否定形　　**011**

下の説明を読んで表を完成させましょう.
Lisez l'explication, puis complétez le tableau suivant.

je	ne	suis	**pas**	nous	__	__	__
tu	n'	es	**pas**	vous	__	__	__
il	__	__	__	ils	__	__	__
elle	__	__	__	elles	__	__	__

- 否定形は ne(n') + 動詞 + pas

アンシェヌマン, リエゾン, エリジオン

- アンシェヌマン　単語をつなげて発音する. il est → il‿est / elle est → elle‿est
- リエゾン　単語をつなげて発音したときに, 新しい音が加わる. vous êtes → vous‿êtes
- エリジオン ce, de, je, ne, se などの単語は, 次に母音字や無音の h で始まる単語が来ると, 語末の母音字が省略されアポストロフ（'）になる. n'es, n'est, m'appelle, s'appelle, etc.

(012) 単語を聞いて発音を練習し，覚えましょう．Écoutez, répétez et mémorisez ces mots.

職業 Profession

| étudiant | musicien | comédien | serveur | chanteur | journaliste | professeur* | médecin* |
| étudiante | musicienne | comédienne | serveuse | chanteuse | journaliste | professeur | médecin |

*professeur と médecin は男女とも同じ形を使う．

国籍 Nationalité

| français | japonais | anglais | chinois | espagnol | italien | américain | coréen |
| française | japonaise | anglaise | chinoise | espagnole | italienne | américaine | coréenne |

1 空欄をうめましょう．Complétez les phrases.

a) – Tu _____ japonaise ?
– Non, je _____ suis _____ japonaise.

b) – _____ êtes _____ ?
– Oui, nous _____ américaines.

c) – _____ sont journalistes ?
– Non, ils _____ étudiants.

d) – María, _____ est italienne ?
– Non, elle est _____.

e) – Vous _____ musicienne ?
– _____, je ne _____ pas _____.

2 例にならって空欄をうめましょう．
Complétez les phrases.

Ex. : → Elle est chinoise. (*f.*)*

a) ● → Je _____ (*m.*)
b) ▮▮ → Tu _____ (*f.*)
c) ▤ → Il _____
d) ▮▮ → Nous _____ (*m.*)
e) ☯ → Vous _____ (*f.pl.*)
f) ≣ → Ils _____
g) ⌗ → Elles _____

*m. は男性形，f. は女性形，s. は単数形，pl. は複数形．

3 先生がフラッシュカードを見せながら質問します． (013)
例にならって答えましょう．L'enseignant choisit différentes
flashcards et pose des questions. Répondez-y.

Il est italien ? — Non, il n'est pas italien. Il est espagnol.

Ex.1 : – Il est japonais ?
→ – Non, il n'est pas japonais.
Il est coréen.

Ex. 2 : – Elle est étudiante ?
→ – Non, elle n'est pas étudiante.
Elle est serveuse.

4 ペアになり，次の表を見ながら例にならって交代で (014)
質問しましょう．Avec votre voisin(e), en regardant le tableau
suivant, posez-vous des questions.

Ex. : – Léa, elle est anglaise ?
– Non, elle n'est pas anglaise. Elle est
française.

	Léa	Ken	Paola	John
Nationalité	▮▮	●	▤	⌗
Profession				

015 **1** 2つの会話を聞きましょう．Écoutez ces deux dialogues.

2 2人で会話を読んでみましょう．À deux. Lisez ces deux dialogues.

Daisuke à l'aéroport

大介は税関の係員に近づきパスポートを差し出す．彼は係員の怖そうな顔を見て，少し不安になる．
Daisuke s'approche du douanier en lui tendant son passeport. Le douanier a un air très sérieux qui intimide Daisuke.

Le douanier:	Bonjour, Monsieur !
Daisuke:	Bonjour...
Le douanier:	Vous êtes japonais ?
Daisuke:	Oui, je suis japonais.
Le douanier:	Vous vous appelez comment ?
Daisuke:	Je m'appelle YAMAMOTO Daisuke.
Le douanier:	Vous êtes étudiant ?
Daisuke:	Oui, c'est ça.
Le douanier:	Au revoir, Monsieur !
Daisuke:	Au revoir.

マリアの番が来る．係員は同じ調子で続けるが，マリアの方は平気で，すぐには係員にパスポートを渡そうと
もしない．C'est au tour de María. Le douanier continue sur le même ton, mais María n'est pas intimidée... Elle ne lui tend pas tout de suite son passeport.

Le douanier:	Bonjour, Mademoiselle !
María:	Bonjour...
Le douanier:	Vous vous appelez comment ?
María:	Je m'appelle María DURAND.
Le douanier:	Vous êtes française ?
María:	Non, je ne suis pas française...
Le douanier:	Vous êtes anglaise ?
María:	Non, je ne suis pas anglaise...
Le douanier:	Euh... Passeport, s'il vous plaît !
María:	Voilà.
Le douanier:	Ah, vous êtes espagnole...
María:	Oui, c'est ça.
Le douanier:	Vous êtes étudiante ?
María:	Oui, je suis étudiante.
Le douanier:	Au revoir, Mademoiselle.
María:	Au revoir, Monsieur.

マリアに目配せされて，大介はほほ笑み返す．だが2人は反対の方向
に歩き出す．大介は少し寂しいのでは？María fait un clin d'œil à Daisuke, qui
lui sourit, mais ils partent dans des directions opposées. Daisuke est-il un peu triste ?

(015) **1** 2つの会話を聞いて表をうめましょう． Réécoutez les deux dialogues et complétez le tableau suivant.

	Prénom	Nom	Nationalité	Profession
Dialogue 1				
Dialogue 2				

2 次の質問の答をフランス語の文で書きましょう． Répondez à ces questions à l'écrit par une phrase complète.

a) Daisuke est japonais ? → _____

b) María est française ? → _____

c) Daisuke est professeur ? → _____

d) María est étudiante ? → _____

(015) **3** 会話を聞いてシャドーイングしましょう． Écoutez et répétez les dialogues en faisant du *shadowing**.

＊注：シャドーイングは会話の応答を聞きながらイントネーション等をまねて同時に発音する練習です．

* Note : le shadowing consiste à répéter les répliques du dialogue en même temps que vous les entendez, en imitant l'intonation, la prosodie, etc.

4 発音やイントネーションをできるだけ上手に再現しながら，2人で会話してみましょう．

À deux. Jouez les dialogues en essayant de reproduire au mieux la prononciation et l'intonation, et de lire le moins possible.

5 あなたはフランスの税関に着きました．ペアになり，税関の係員の役とあなた自身の役を交代で演じましょう．

À deux. Vous arrivez à la douane en France. Votre voisin(e) joue le rôle du (de la) douanier(ère). Vous jouez votre propre rôle.

6 外国人学生とフランス人学生がフランスで出会いました．ペアになり，2人で協力して « tu » を使った出会いの場面の会話を書き，演じましょう． À deux. L'un(e) de vous est étudiant(e) étranger(ère) en France, l'autre est un(e) étudiant(e) français(e). Vous vous rencontrez. Écrivez le dialogue de votre rencontre à deux mains et jouez-le. Utilisez « tu ».

ロワール川を渡る船

J'habite au Japon.

私は日本に住んでいます.

MINI-DIALOGUES

聞いて発音を練習しましょう. 次に2人で会話してみましょう. Écoutez, répétez, puis jouez ces dialogues avec votre voisin(e).

(016) **1** 話せる言語を言う

Dire les langues que l'on parle

> Parlez-vous anglais* ?

> Non, je ne parle pas anglais... Mais je parle japonais et chinois.

*「英語」言語名は男性名詞で, 国籍を表す形容詞（15 ページの Vocabulaire flashcards 参照）の男性形と同形.

(017) **2** 住んでいる所を尋ねる・言う

Demander / dire le lieu d'habitation

> Vous habitez où* ?

> Nous habitons à Orléans.

> Et toi, où* est-ce que tu habites ?

*疑問副詞 où ?「どこ ?」

GRAMMAIRE

1 第一群規則動詞（-er 動詞）の直説法現在 (018)

je	_e	nous	_ons
tu	_es	vous	_ez
il / elle	_e	ils / elles	_ent

- 活用語尾は主語に応じて規則的に変化する.
- 活用語尾 e, es, ent は発音しない.

表を完成させましょう. Complétez les tableaux suivants.

parler （話す）		
je parle	nous	
tu	vous	
il / elle	ils / elles	

habiter （住む）		
j' habite	nous	
tu	vous	
il / elle	ils / elles	

2 疑問文の作り方 (019)

疑問文には次の3つの作り方がある.

a) 文末のイントネーションを上げる. Tu parles français ?

b) 文頭に est-ce que をつける. Est-ce que tu parles français ?

c) 主語代名詞と動詞を倒置し, トレデュニオン - で結ぶ. Parles-tu français ?（3人称単数で動詞が母音字で終わる場合は, 動詞と主語の間に -t- を入れる. Parle-t-il français ?）

3 前置詞＋都市・国 (020)

- à ＋ 都市 → J'habite à Kanazawa.
- au ＋国（男性）→ J'habite au Japon.
- en ＋国（女性）→ J'habite en France.
- aux ＋国（複数）→ J'habite aux États-Unis.

---

(021) **数（0 ～ 19）** Les nombres

0	1	2	3	4	5	6	7	8	9	10	11	12	13	14	15	16
zéro	un[œ̃]/ une[yn]	deux	trois	quatre	cinq	six	sept	huit	neuf	dix	onze	douze	treize	quatorze	quinze	seize
[zero]		[dø]	[trwa]	[katr]	[sɛ̃k]	[sis]	[set]	[ɥit]	[nœf]	[dis]	[ɔ̃z]	[duz]	[trɛz]	[katɔrz]	[kɛ̃z]	[sɛz]

17 = 10 + 7	18 = 10 + 8	19 = 10 + 9
dix-sept	dix-huit	dix-neuf
[disɛt]	[dizɥit]	[diznœf]

(022) 単語を聞いて発音を練習し，覚えましょう．Écoutez, répétez et mémorisez ces mots.

国 Pays

| France | Japon | Angleterre | Chine | Espagne | Italie | États-Unis | Corée |

動詞 Verbes

| étudier | travailler | voyager | téléphoner | chanter | danser |

1 空欄をうめましょう．Complétez les phrases.

a) – Tu _____ anglais ?
   – Non, je ____ parle pas _____.

b) – Il étudie _____ ?
   – _____ étudie ____ France.

c) – Ils _____ au _____ ?
   – Non, ils travaillent _____ France.

d) – Vous _____ en Italie ?
   – Non, je _____ voyage _____ en _____.

e) – _____ habite _____ ?
   – Elle habite _____ Paris.

2 例にならって空欄をうめましょう．
Complétez les phrases.

Ex. : → Il parle chinois.

a) → Elle _____

b) → Ils _____

c) → Nous _____

d) → Vous _____

e) → Elles _____

f) → Je _____

3 先生が動詞と国旗のフラッシュカードを見せながら (023) 主語を指示します．例にならって文を作りましょう．
L'enseignant montre une *flashcard* « verbes » et une autre « pays » en variant les pronoms personnels. Dites la phrase correspondante.

Il...

Il étudie en Espagne.

4 ペアになり，例にならって交代で質問しましょう．(024)
Avec votre voisin(e), posez-vous des questions.

Ex. : – Maya, est-ce qu'elle habite en France ?
      – Non, elle n'habite pas en France. Elle habite en Corée.

	Maya	Taro	Anita	James
Nationalité	🇮🇹	🇯🇵	🇮🇹	🇬🇧
Profession				
Pays	🇰🇷	🇨🇳	🇪🇸	🇮🇹
Langues	🇮🇹	🇯🇵	🇮🇹	🇬🇧
	🇰🇷	🇨🇳	🇪🇸	🇮🇹

(025) **1** 会話を聞きましょう．*Écoutez ce dialogue.*
2 3人で会話を読んでみましょう．*À trois. Lisez ce dialogue.*

Daisuke à l'université

🎥 新学期の始まる日だ．大介がのんびりとオルレアン大学のキャンパスのベンチに座っていると，2人連れの若い男女が自分の方にやって来るのが見えた．誰だろう．あの娘はジャンヌだろうか．*C'est le jour de la rentrée pour Daisuke. Il est tranquillement assis sur un banc sur le campus de l'université d'Orléans quand il voit une fille et un garçon se diriger droit sur lui. Qui est-ce ? La fille, est-ce Jeanne ?*

María:	Daisuke ! Daisuke !
Daisuke:	María ?! Salut ! Ça va ?
María:	Ça va, merci.
Daisuke:	Est-ce que tu étudies à Orléans ?
María:	Oui.

María:	（一緒にいる青年の方を見て）Et voici Luigi.
	Il étudie aussi à Orléans.
Daisuke:	Enchanté.
María:	（大介の方を見て）Luigi, voici Daisuke.
Luigi:	Enchanté. Je suis italien. Et toi, tu es japonais ?
Daisuke:	Oui, je suis japonais.

Luigi:	Où habites-tu au Japon ?
Daisuke:	J'habite à Kanazawa.
Luigi:	Moi, en Italie, j'habite à Milan.
Daisuke:	Et toi, María ? En Espagne, où habites-tu ?
	À Madrid ?
María:	Non, je n'habite pas à Madrid.
	J'habite à Barcelone.

Daisuke:	Tu parles bien français !
María:	Merci. Je parle aussi anglais et... italien.
Luigi:	Et moi, je parle aussi espagnol...

🎥 ルイジとマリアは微笑み合う．大介はルイジをちょっぴりうらやましく思っただろうか．
Luigi et María se sourient... Daisuke est-il un peu jaloux de Luigi ?

COMPRÉHENSION ET EXPRESSION

025 **1** 会話を聞いて表をうめましょう. Réécoutez ce dialogue et complétez le tableau suivant.

	Luigi	María	Daisuke
Ils étudient où ?			
Ils habitent où ?			
Ils parlent...			

2 次の質問の答をフランス語の文で書きましょう. Répondez à ces questions à l'écrit par une phrase complète.

a) En Espagne, est-ce que María habite à Madrid ? → _____

b) Au Japon, où est-ce que Daisuke habite ? → _____

c) Luigi et María parlent-ils italien ? → _____

d) Luigi étudie-t-il à Paris ? → _____

025 **3** 会話を聞いてシャドーイングしましょう. Écoutez et répétez le dialogue en faisant du *shadowing**.

*注：シャドーイングは会話の応答を聞きながらイントネーション等をまねて同時に発音する練習です.

* Note : le shadowing consiste à répéter les répliques du dialogue en même temps que vous les entendez, en imitant l'intonation, la prosodie, etc.

4 発音やイントネーションをできるだけ上手に再現しながら，3人で会話してみましょう.
À trois. Jouez le dialogue en essayant de reproduire au mieux la prononciation et l'intonation, et de lire le moins possible.

À VOUS !

5 あなたはオルレアン大学のキャンパスで2人の学生，アメリカ人アシュリーと韓国人リム（どちらも男女ともに使える名前）に出会いました．3人のグループで，自分自身の役とアシュリー，リムの役を代わる代わる演じましょう．アシュリーとリムの役を演じる時は，2人の出身地や話せる言語などを考えてください．À trois. Vous êtes sur le campus de l'université d'Orléans et vous rencontrez deux étudiant(e)s : Ashley, un(e) Américain(e), et Lim, un(e) Coréen(ne). NB : Ashley et Lim sont des prénoms mixtes. Deux camarades de votre classe jouent le rôle de ces deux étudiant(e)s en inventant les langues parlées, la ville d'origine, etc. Vous jouez votre propre rôle. Faites cette activité plusieurs fois en changeant les rôles.

Ashley: _____ ! _____ !

Vous: _____ ?! Salut ! Ça va ?

Ashley: Ça va, merci.

Vous: Est-ce que tu étudies à Orléans ?

Ashley: Oui. （一緒にいるリムの方を見て） Et voici _____. ___ étudie aussi à Orléans.

Vous: Enchanté(e).

Ashley: （あなたの方を見て）_____, voici _____.

Lim: Enchanté(e). Je suis _____. Et toi, tu es _____ ?

Vous: Oui, je suis _____.

Lim: Où habites-tu _____ ?

Vous: J'habite à _____.

Lim: Moi, _____, j'habite à _____.

Vous: Et toi, _____ ? _____ , où habites-tu ? À _____ ?

Ashley: Non, je n'habite pas à _____. J'habite à _____.

Vous: Tu parles bien français !

Ashley: Merci, je parle aussi _____ et... _____.

Lim: Et moi, je parle aussi _____...

● LEÇON **3**

J'ai 19 (dix-neuf) ans.

私は 19 歳です.

MINI-DIALOGUES

聞いて発音を練習しましょう. 次に 2 人で会話してみましょう. Écoutez, répétez, puis jouez ces dialogues avec votre voisin(e).

(026) **1** 家族について話す Parler de sa famille

Tu as des frères et sœurs ?

Oui, j'ai un frère, mais je n'ai pas de* sœur.

*否定の de：直接目的語につく不定冠詞は否定文中では de（d'）になる.

(027) **2** 年齢を尋ねる・言う Demander / dire l'âge

Qui est-ce ?*

C'est** mon frère.

Il a quel âge ?

Il a 18 ans.

* 疑問代名詞 qui？「誰？」
** qui...？の質問には c'est ...「それは〜です」で答える.

(032) **数（20 〜 100）** Les nombres

20	30	40	50	60
vingt	trente	quarante	cinquante	soixante
[vɛ̃]	[trɑ̃t]	[karɑ̃t]	[sɛ̃kɑ̃t]	[swasɑ̃t]

70	80	90	100
soixante-dix	quatre-vingts	quatre-vingt-dix	cent
[swasɑ̃tdis]	[katrəvɛ̃]	[katrəvɛ̃dis]	[sɑ̃]

*110 ページの数の説明を参照.

GRAMMAIRE

1 動詞 avoir（英語の *have*） (028)

j'	ai	nous	avons
tu	as	vous	avez
il / elle	a	ils / elles	ont

2 名詞の性と数，不定冠詞 (029)

	m.	*f.*		
s.	un	une	un frère	une sœur
pl.	des		des frères	des sœurs

• すべての名詞は，男性名詞と女性名詞に分かれる.
• 不定冠詞は不特定の数えられる名詞の前につく.

3 所有形容詞 (030)

	m.s.	*f.s.*	*m.pl.*	*f.pl.*
je	mon	ma (mon)	mes	
tu	ton	ta (ton)	tes	
il / elle	son	sa (son)	ses	
nous	notre		nos	
vous	votre		vos	
ils / elles	leur		leurs	

• 所有されるものの性・数によって形が決まる.
　mon père / ma mère / mes parents
• 3 人称単数は his / her の区別がないことに注意.
　son père 彼の／彼女の父親　sa mère 彼の／彼女の母親
• ma, ta, sa は母音字と無音の h で始まる名詞の前では mon, ton, son になる.　mon école / son amie

4 疑問形容詞 (031)

	m.	*f.*
s.	quel	quelle
pl.	quels	quelles

疑問形容詞には次の 2 つの使い方がある.

a) quel + être + 主語「〜は何ですか？」疑問形容詞は主語に応じて変化する.
　– Quel est votre prénom ? – Mon prénom est Zoé.
　– Quelle est sa profession ? – Il est musicien.

b) quel + 名詞「どんな〜？」疑問形容詞は次にくる名詞に応じて変化する.
　– Elle a quel âge ? – Elle a 16 ans.
　– Tu parles quelles langues ? – Je parle anglais et coréen.

(033) 単語を聞いて発音を練習し，覚えましょう． Écoutez, répétez et mémorisez ces mots.

家族 Famille

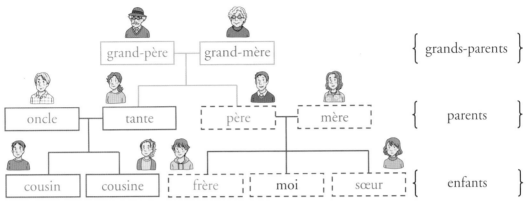

grands-parents

parents

enfants

1 空欄をうめましょう． Complétez les phrases.

a) – Tu as _____ âge ?
　 – J' _____ 20 _____.

b) – Vous _____ des frères ?
　 – Non, je _____ ai pas _____ frères.

c) – Elle _____ un _____ ?
　 – Non, _____ a une _____.

d) – Tu as _____ sœurs ?
　 – Oui, j' _____ 2 _____.

e) – _____ ont _____ âge ?
　 – Elle _____ 17 _____ et il _____ 20 _____.

2 次の文が答になるような質問を書きましょう．
Trouvez la question.

Ex. 1　– Quelle est ta nationalité ?
　　　– Je suis italien.

Ex. 2　– Elle parle quelles langues ?
　　　– Elle parle chinois et espagnol.

a) – _____ ?
　 – J'ai 30 ans.

b) – _____ ?
　 – Elle est chanteuse.

c) – _____ ?
　 – Il est japonais.

d) – _____ ?
　 – Je parle italien.

3 「大介のホストファミリー」の絵（111ページ）を使 (034)
い，先生がいろいろな質問をします．例にならい，
リラになったつもりで答えましょう． À l'aide du dessin
« La famille d'accueil de Daisuke » (p.111), l'enseignant pose diverses
questions. Vous êtes Lilah, répondez-y.

Ex. 1 : Qui est-ce ?［家族の1人を指して］
　　　　→ C'est mon cousin.

Ex. 2 : Ta cousine, elle a quel âge ?
　　　　→ Elle a 9 ans.

Ex. 3 : Ton grand-père, il s'appelle comment ?
　　　　→ Il s'appelle Louis.

Ex. 4 : Ton père, quelle est sa profession ?
　　　　→ Il est médecin.

4 ペアになり，同じ練習をしましょう．
Avec votre voisin(e), réalisez la même activité.

5 マリナが家族について話しています．聞いて系図の (035)
空欄をうめましょう． Marina parle de sa famille. Complétez
les cases de l'arbre généalogique.

Prénom : _____
Âge : **48 ans**
Profession : _____

Prénom : _____
Âge : _____
Profession : _____

Prénom : **Marina**
Âge : _____
Profession : _____

Prénom : _____
Âge : _____
Profession : _____

(036) **1** 会話を聞きましょう．*Écoutez ce dialogue.*

2 3人で会話を読んでみましょう．*À trois. Lisez ce dialogue.*

La famille de Daisuke

🗪 大介，マリア，ルイジはカフェテリアで話し続けている．*Daisuke, María et Luigi continuent leur conversation à la cafétéria.*

María:　Tu as quel âge, Daisuke ?

Daisuke:　J'ai 19 (dix-neuf) ans. Et toi, María ?

María:　Moi, j'ai 21 (vingt-et-un) ans.

Daisuke:　Et toi, Luigi, quel âge as-tu ?

Luigi:　J'ai 20 (vingt) ans.

María:　Daisuke, est-ce que tu as des frères et sœurs ?

Daisuke:　J'ai un frère et une sœur. Mon frère s'appelle Takashi et ma sœur s'appelle Emi.

María:　Ils ont quel âge ?

Daisuke:　Ils ont 21 (vingt-et-un) et 28 (vingt-huit) ans.

Luigi:　Est-ce que tu as une photo ?

Daisuke:　Oui...（カバンからタブレットを取り出す）
（写真を見せて）Voilà. Ce sont Takashi et Emi.

María:　Est-ce qu'ils habitent à Kanazawa ?

Daisuke:　Non, ils n'habitent pas à Kanazawa. Takashi est étudiant à Kyoto, et Emi travaille à Kumamoto.

大学近くのカフェテリア

🗪 大介は他の写真を見せる．*Daisuke montre d'autres photos de sa famille.*

María:　Qui est-ce ?

Daisuke:　C'est mon père.

María:　Quelle est sa profession ?

Daisuke:　Il est employé.

Luigi:　Et ta mère, est-ce qu'elle travaille ?

Daisuke:　Oui, elle est professeur.

María:　Est-ce que tes grands-parents habitent à Kanazawa ?

Daisuke:　Oui, mais ils voyagent beaucoup : au Vietnam, en Italie, aux États-Unis...

Luigi:　（写真の娘をさして）Et là, qui est-ce ? Ta petite amie ?

Daisuke:　Non ! C'est Naoko, ma cousine ! Elle travaille en Angleterre. Elle a 25 (vingt-cinq) ans.

Luigi:　（陽気に）Elle est très jolie !

🗪 マリアがルイジを意地悪な目で見ている．大介の方は，カフェテリアの前を通りかかった娘を見つめていた．一目惚れだ．だが自分に気づいていない娘に声を掛けることができない．マリアとルイジは大介がこの娘に強く惹かれたのを感じた．この娘は誰なのか．*María regarde Luigi méchamment. Daisuke, lui, regarde une jeune fille qui passe devant la cafétéria. Il a le coup de foudre pour elle. Elle, elle ne le voit pas. Il n'ose pas aller lui parler. Ses deux amis ont bien vu que cette fille avait fortement attiré son attention. Qui est-elle ?*

(036) **1** 会話を聞いて表をうめましょう． Réécoutez le dialogue et complétez le tableau suivant.

	Sœur de Daisuke	Frère de Daisuke
Prénom		
Âge		
Profession		
Habite à ...		

2 次の質問の答をフランス語の文で書きましょう． Répondez à ces questions à l'écrit par une phrase complète.

a) Daisuke, quel âge a-t-il ?　　　　　　→ _____

b) Son père est-il professeur ?　　　　　→ _____

c) Sa cousine travaille-t-elle à Kumamoto ?　→ _____

d) Où habitent ses grands-parents ?　　　→ _____

(036) **3** 会話を聞いてシャドーイングしましょう． Écoutez et répétez le dialogue en faisant du *shadowing*.

4 発音やイントネーションをできるだけ上手に再現しながら，３人で会話してみましょう．
À trois. Jouez le dialogue en essayant de reproduire au mieux la prononciation et l'intonation, et de lire le moins possible.

À VOUS !

5 24 ページの会話を参考にして，クラスの仲間２人にインタビューをしてみましょう．まず名前と年齢を尋ね，次に兄弟がいるかどうか聞きましょう．兄弟がいると答えた人には質問を続け，例にならって表をうめてください．最後に，インタビューした相手をクラスで紹介しましょう． En vous appuyant sur le dialogue de la page 24, posez des questions à deux camarades de classe. Demandez-leur d'abord leur prénom et leur âge. Demandez-leur ensuite s'ils (elles) ont des frères et sœurs. Si oui, posez-leur des questions afin de compléter le tableau. Enfin, présentez vos camarades à la classe.

> **Exemple**
>
> 1. Daisuke
> 2. 19 ans
> 3. Un frère et une sœur
> 4. Takashi et Emi
> 5. 21 ans et 28 ans
> 6. Takashi habite à Kyoto et Emi, à Kumamoto.

	Camarade de classe 1	Camarade de classe 2
1. Prénom		
2. Âge		
3. Frères et sœurs		
4. Nom des frères et sœurs		
5. Âge des frères et sœurs		
6. Lieu d'habitation des frères et sœurs		

J'adore la cuisine française !

私はフランス料理が大好きです.

MINI-DIALOGUES

聞いて発音を練習しましょう. 次に２人で会話してみましょう. Écoutez, répétez, puis jouez ces dialogues avec votre voisin(e).

(037) **1** 好みを言う Parler de ses goûts

> Tu aimes le cinéma ?

> Oui, j'aime ça*, mais je préfère l'opéra...

*一般的なジャンルを示す名詞は代名詞 ça で受ける.

(038) **2** 理由を尋ねる・言う Demander / dire la raison

> Pourquoi* est-ce que vous aimez le français ?

> Parce que* le cours est intéressant !

> Parce que j'aime bien la prononciation.

*疑問詞 pourquoi ?「なぜ？」 pourquoi...? の質問には parce que (qu')...「なぜなら～」を使って答える.

GRAMMAIRE

1 動詞 aimer, adorer, détester, préférer (039)

表を完成させましょう. Complétez le tableau suivant.

aimer			
j'	aime	nous	
tu		vous	
il/elle		ils/elles	

+ + + **J'adore** le cinéma.
  + + **J'aime beaucoup** la peinture.
    + **J'aime (bien)** la cuisine chinoise.
    − **Je n'aime pas beaucoup** le football.
  − − **Je n'aime pas** le théâtre.
− − − **Je déteste** le baseball.

2 定冠詞 (040)

	m.	*f.*		
s.	le (l')	la (l')	le frère	la sœur
pl.	les		les frères	les sœurs

- 母音字と無音の h で始まる名詞の前では le と la は l' となる.
- 定冠詞は特定された名詞の前につく.
  le frère de Daisuke / la lune
- 定冠詞は総称的な名詞の前につく. 数えられる名詞は複数形にする.

3 動詞 aimer ＋名詞・動詞の不定詞 (041)

J'aime le ski. / J'aime skier.
J'aime la danse. / J'aime danser.
J'aime les voyages. / J'aime voyager.

4 形容詞の用法 (042)

a) 属詞として使う. Elle est jolie. / C'est intéressant.
   （C'est のあとでは男性単数形）
b) 名詞につけるときは原則として名詞の後に置く.
   J'aime la cuisine française.

(043) 理由の説明に役立つ形容詞 Adjectifs

bon / bonne（よい, おいしい）　　amusant / amusante（楽しい）　　ennuyeux / ennuyeuse（退屈な）
fatigant / fatigante（疲れる）　　dangereux / dangereuse（危険な）　　intéressant / intéressante（面白い）

(044) 単語を聞いて発音を練習し，覚えましょう．Écoutez, répétez, et mémorisez ces mots.

趣味 Loisirs

芸術 Arts

 cuisine

 cinéma

 musique

 théâtre

 littérature

 peinture

スポーツ Sports

 football

 natation

 baseball

 tennis

 ski

 judo

場所 Lieux

 montagne

 mer

 campagne

 ville

ENTRAÎNEZ-VOUS !

1 空欄をうめましょう．Complétez les phrases.

a) – ___ aimes _____ football ?
   – Oui, j'adore ___.

b) – Vous _____ ___ natation ?
   – Non, je _____ ça.

c) – _____ tu ___ aimes ___ ça ?
   – Parce que _____ ennuyeux.

d) – _____ aime _____ cuisine espagnole ?
   – Oui, mais elle _____ la
   _____ italienne.

2 例にならって空欄をうめましょう．
Complétez les phrases.

Ex. : → Elle aime la peinture chinoise.

a) → Il _____

b) → Tu _____

c) → Nous _____

d) → Elles _____

e) → J' _____

3 先生が２枚のフラッシュカードを見せます．例にならって対応する文を答えましょう．(045) L'enseignant montre deux *flashcards*. Dites la phrase correspondante.

J'aime bien la natation, mais je préfère le tennis.

4 ペアになり，例にならって交代で質問しましょう．(046)
Avec votre voisin(e), posez-vous des questions.

Ex.1 : – Qui déteste le baseball ?
       – C'est Max.

Ex.2 : – Est-ce qu'Éva aime la mer ?
       – Oui, elle adore ça.

	Max	Éva
+ + +		
+ +		
+		
–		
– –		
– – –		

(047) **1** 会話を聞きましょう． *Écoutez ce dialogue.*

2 2人（1人2役）で会話を読んでみましょう． *À deux (chaque étudiant fait 2 personnages). Lisez ce dialogue.*

Daisuke avec sa famille d'accueil

夕食の時，大介はホストファミリーの家族とおしゃべりする．お母さんのカリンヌ，お父さんのフィリップ，息子のリュシアン（16歳），娘のリラ（8歳）だ． *Pendant le dîner, Daisuke discute avec sa famille d'accueil : Carine, la maman, Philippe, le papa, Lucien, le frère (16 ans) et Lilah, la sœur (8 ans).*

Carine: Daisuke, aimes-tu la cuisine française ?

Daisuke: Oui, j'adore la cuisine française ! C'est très bon !

Philippe: Est-ce que tu aimes la littérature, Daisuke ?

Daisuke: Non, je n'aime pas beaucoup ça... C'est ennuyeux.

Philippe: Est-ce que tu aimes la peinture ?

Daisuke: Non, je n'aime pas ça... Ce n'est pas intéressant.

Carine: Qu'est-ce que* tu aimes ? La musique ?

Daisuke: Oui, j'aime beaucoup la musique. Mais je préfère le cinéma.

Philippe: Pourquoi ?

Daisuke: Parce que c'est amusant.

Philippe: Et le sport, est-ce que tu aimes ça ?

Daisuke: Oui, j'aime beaucoup ça.

Philippe: Quels sports est-ce que tu aimes ?

Daisuke: J'aime beaucoup le judo, la natation, le baseball et le football !

Philippe: Est-ce que tu aimes le rugby ?

Daisuke: Non, je déteste ça ! C'est dangereux !

Lilah: Daisuke, est-ce que tu aimes la mer ?

Daisuke: Oui, j'aime bien la mer. Mais je préfère la montagne. Et toi, Lilah ?

Lilah: Moi, j'adore la campagne !

Daisuke: Pourquoi ?

Lilah: Parce que mes grands-parents habitent à la campagne !

* qu'est-ce que：疑問代名詞「何？」 99 ページの疑問文の表を参照．

(047) **1** 会話を聞いて，大介の好みを番号で示しましょう．
Réécoutez le dialogue et attribuez un numéro [1, 2, 3 ou 4] aux éléments proposés en fonction des goûts de Daisuke.

Est-ce que Daisuke [1] adore, [2] aime (bien, beaucoup), [3] n'aime pas (beaucoup) ou [4] déteste... ?

[ ] le rugby   [ ] la musique   [ ] la cuisine française

[ ] le sport   [ ] la mer   [ ] la littérature

2 次の質問の答をフランス語の文で書きましょう．Répondez à ces questions à l'écrit par une phrase complète.

a) Daisuke déteste-t-il la cuisine française ?   → _____

b) Est-ce que Daisuke préfère le cinéma ou la musique ?   → _____

c) Daisuke préfère-t-il la mer, la montagne ou la ville ?   → _____

d) Pourquoi est-ce que Lilah adore la campagne ?   → _____

(047) **3** 会話を聞いてシャドーイングしましょう．Écoutez et répétez le dialogue en faisant du *shadowing*.

4 2人（1人2役）または4人で，発音やイントネーションをできるだけ上手に再現しながら会話してみましょう．À deux (chaque étudiant fait 2 personnages) ou à quatre. Jouez le dialogue en essayant de reproduire au mieux la prononciation et l'intonation, et de lire le moins possible.

5 ペアになり，次の質問表を使って，お互いの好みについて質問しましょう．例にならい，質問に答える時は，好き嫌いの程度を述べ，下記の形容詞も参考にしてその理由を言ってください．最後にペアの相手の好みをクラスで紹介しましょう．À deux. À l'aide du questionnaire, posez-vous des questions sur vos goûts. Répondez en donnant des nuances et justifiez vos réponses. Ensuite, présentez les goûts de votre voisin(e) à la classe.

Ex. : – Est-ce que tu aimes le cinéma ?
  – Oui, j'aime beaucoup le cinéma.
  – Pourquoi ?
  – Parce que c'est intéressant.

		bruyant(e)	騒がしい	calme	静かな
facile	簡単な	difficile	難しい
sympa	感じのいい	joli(e)	きれいな

		+++	++	+	−	− −	− − −
1.	Est-ce que tu aimes la cuisine italienne ?						
2.	Est-ce que tu aimes la littérature ?						
3.	Qu'est-ce que tu préfères : le théâtre ou le cinéma ?						
4.	Est-ce que tu aimes le sport ?						
5.	Est-ce que tu aimes le football ?						
6.	Qu'est-ce que tu préfères : le tennis ou le judo ?						
7.	Est-ce que tu aimes la mer ?						
8.	Est-ce que tu aimes la montagne ?						
9.	Qu'est-ce que tu préfères : la ville ou la campagne ?						

ABCDEF
GHIJKLM
NOPQRST
UVWXYZ

Graphie et sons
綴り字と発音

DÉCOUVREZ !

1 綴り字記号

´	accent aigu	アクサン・テギュ	é
`	accent grave	アクサン・グラーブ	à, è, ù
^	accent circonflexe	アクサン・シルコンフレクス	ê, â, ô, î, û
¸	cédille	セディーユ	ç
¨	tréma	トレマ	ë, ï, ü

048 2 綴り字の読み方の大原則

語末の子音字は原則として発音しない.	étudiant	3 trois		
ただし，語末が c, f, l, r の場合は原則として発音する.	sac	9 neuf	pull	professeur
語末の母音字 e は発音しない.	robe	table	veste	tomate
h は発音しない.	hôtel	théâtre		

3 母音

[a]	a, à, â	banane	table	[y]	u, û	judo	bus
[i]	i, î, y	Italie	tennis	[u]	ou	soupe	journaliste
[e]	é er(-er動詞の場合)	étudier	université	[ø]	eu（音節が eu で終わる場合）	2 deux	bleu
[ɛ]	e（語尾が r, l の前の e） è, ê, ai, ei	mer	neige	[œ]	eu（音節が eu で終わらない場合） œu, œ	fleur	œuf
[o]	o, au, eau	vélo	bateau	[ə]	e（音節が e で終わる場合）	médecin	boulangerie
[ɔ]	o（2つの子音の前の o）	portable	dormir				

4 鼻母音

[ɔ̃]	on, om	pantalon	Japon	[ɛ̃]	in, im, ein, eim, ain, aim	vin	pain
[ɑ̃]	an, am, en, em	danser	vent	[œ̃]*	un, um	un	

*[ɛ̃] で代用されることが多い.

5 半母音

[j]	i, y +母音 母音+ il, ill	viande	soleil	[w]	oi [wa] ou +母音	toilettes	voiture
[ɥ]	ui	cuisine	pluie				

6 子音

[s]	s, ss, c, ç	France	salon	[f]	f, ph	football	téléphoner
[z]	z s（母音に挟まれた場合）	maison	musicien	[v]	v	ville	vase
[ʃ]	ch	chaise	chanteur	[r]	r	riz	serveur
[ʒ]	j e, i, y の前の g	jupe	orage	[l]	l	lit	lunettes
[k]	k, qu a, o, u, l の前の c	musique	quatre	[ɲ]	gn	montagne	Espagne
[g]	a, o, u, l の前の g e, i, y の前の gu	gare	Angleterre				

(049) **7** 次の単語を発音してみましょう. Prononcez les mots suivants.

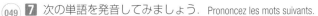

1) eau 2) lait 3) café 4) thé 5) train 6) poisson

7) gâteau 8) fruit 9) légume 10) restaurant 11) supermarché 12) cinéma

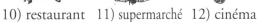

13) campagne 14) appartement 15) ordinateur 16) télé 17) étagère 18) chaussure

19) chapeau 20) chemise 21) manteau 22) avion 23) peinture 24) nuage

1 例にならって空欄をうめましょう。
Complétez les phrases.

Ex. : C'est un étudiant français. (*m.*)
C'est une étudiante française. (*f.*)

a) _____ . (*m.*)
_____ . (*f.*)

b) _____ . (*m.*)
_____ . (*f.*)

c) _____ . (*m.*)
_____ . (*f.*)

d) _____ . (*m.*)
_____ . (*f.*)

2 ペアになり，例にならって練習しましょう．
Entraînez-vous avec votre voisin(e).

Ex. : – Tu étudies où ?
– J'étudie en France.

a)

b)

c)

d)

e)

3 聞こえた数字を○で囲みましょう。
Entourez les chiffres que vous entendez.

15	50	42	35	52
	28	34	16	23
12	13	73	61	17
47	94		59	99
82		11	62	88

(050)

4 聞いて空欄をうめましょう.
Écoutez et remplissez le tableau.

(051)

	Noé	Anaïs
Âge		
Nationalité		
Profession		
Famille		
Habite...		
Aime...		
Parle...		

5 ペアになり，ノエとアナイスについてお互いに質問してみましょう． À deux. Posez-vous des questions sur Noé et Anaïs.

Ex. 1 : – Qui aime voyager ?
– C'est Noé.

Ex. 2 : – Est-ce qu'Anaïs est japonaise ?
– Non, elle n'est pas japonaise. Elle est française.

6 あなたはニノの友達です．ニノとその両親を紹介する文を書いてください．Présentez Nino et sa famille.

Ex. : Mon ami s'appelle Nino. Il a 18 ans, etc.

Prénom	Pascal	Nino	Sandra
Âge	43 ans	18 ans	45 ans
Nationalité			
Profession			
Habite...	Paris	Bordeaux	Paris
Aime...			
Parle...			

Leçon 5 — Qu'est-ce que c'est ?
これは何ですか？

- 物について尋ねる・説明する
  Demander / donner des explications sur une chose
- 位置や場所を尋ねる・言う
  Demander / dire où se trouve une chose ou un lieu

Leçon 6 — Qu'est-ce qu'ils portent ?
彼らは何を着ていますか？

- 容姿や服装を尋ねる・説明する
  Demander / décrire l'apparence physique
- 持ち主を言う
  Exprimer la possession

Leçon 7 — On y va comment ?
どうやって行きましょうか？

- 移動について説明する
  Exprimer un déplacement
- 交通手段を言う
  Indiquer un moyen de transport

Leçon 8 — Quel temps fait-il ?
どんな天気ですか？

- 天候について話す
  Parler du temps
- 時刻を尋ねる・言う
  Demander / dire l'heure

Qu'est-ce que c'est ?

これは何ですか？

MINI-DIALOGUES

聞いて発音を練習しましょう．次に２人で会話してみましょう．Écoutez, répétez, puis jouez ces dialogues avec votre voisin(e).

(052) **1** 物について尋ねる・説明する
Demander / donner des explications sur une chose

Qu'est-ce que c'est ?

C'est une statue. C'est la statue de Jeanne d'Arc.

(053) **2** 位置や場所を尋ねる・言う
Demander / dire où se trouve une chose ou un lieu

a)

Qu'est-ce qu'il y a dans votre sac ?

Il y a un ordinateur.

b)

Où sont les toilettes, s'il vous plaît ?

Elles sont au bout du couloir, à droite.

GRAMMAIRE

1 指示代名詞 **ce** を主語とする表現　**(054)**

a) 対象が単数のとき：

C'est un ordinateur. / C'est une statue.

b) 対象が複数のとき：

Ce sont des ordinateurs. / Ce sont des statues.

2 **Il y a**「～がある（いる）」　**(055)**

– Qu'est-ce qu'il y a dans le vase ?

– Il y a des fleurs.

– Qu'est-ce qu'il y a sur le lit ?

– Il y a un chat.

3 定冠詞と不定冠詞の使い分け　**(056)**

a) **C'est** の次にくる名詞には，普通不定冠詞がつく．その名詞に名詞を限定する説明が加わると，定冠詞がつく．

C'est **une** statue. / C'est **la** statue de Jeanne d'Arc.

b) il y a の次にくる名詞には普通不定冠詞がつく．そのとき，場所を表す前置詞に続く名詞には普通定冠詞がつく．

Il y a **un** ordinateur dans **le** sac.

4 前置詞 **de** ＋ 定冠詞の縮約　**(057)**

de + le = du	Le sac est à côté **du** lit.
de + les = des	La salle de bains est à gauche **des** toilettes.

• de la, de l' の場合は縮約しない．La cuisine est à droite **de la** chambre. / Les toilettes sont à côté **de l'**entrée.

---

(058) **場所を表す前置詞** Prépositions de lieu

à gauche de （～の左に）	devant （～の前に）	sur （～の上に）	dans （～の中に）
à droite de （～の右に）	derrière （～の後ろに）	sous （～の下に）	hors de （～の外に）
au bout de （～の突き当りに）	en face de （～の向かいに）	à côté de （～のそばに）	entre （～の間に）

(059) 単語を聞いて発音を練習し，覚えましょう．*Écoutez, répétez et mémorisez ces mots.*

身の回りの物 Objets et meubles

 portable
 ordinateur
 lit
 vase
 fleur

 télévision
 étagère
 table
 chaise
 clé

住居 Logement

 appartement
 maison
 chambre
 salon
 cuisine
 toilettes
 salle de bains
 entrée

1 空欄をうめましょう．*Complétez les phrases.*

a) – Qu'est-ce que c'_____ ?
– Ce _____ des clés. Ce sont _____ clés de mon appartement.

b) – _____ est mon portable ?
– Il _____ sur _____ étagère.

c) – Qu'est-ce qu'il y a sur ____ table ?
– Il y a _____ vase.

d) – Où _____ la cuisine ?
– _____ est à côté _____ salon.

e) – Paul, il est _____ ?
– Il _____ dans _____ cuisine.

(060) **2** 先生が身の回りの物と住居のフラッシュカードを見せます．例にならって対応する文を答えましょう．*L'enseignant montre une flashcard « objets », puis une flashcard « logement ». Dites la phrase correspondante.*

Il y a des fleurs dans l'entrée.

3 「ジャンヌの部屋」の絵（112 ページ）を見て，例にならって文を作りましょう．*À l'aide du dessin « Chez Jeanne » (p. 112), proposez des phrases.*

Ex.1 : **sur** → Le chat est **sur** le lit.

a) à gauche de → _____
b) à droite de → _____
c) dans → _____
d) sous → _____

Ex. 2 : **sur** → Il y a un chat **sur** le lit.

a) devant → _____
b) derrière → _____
c) entre → _____
d) à côté de → _____

4 「ジャンヌの部屋」の絵（112 ページ）について，先生が例のような質問をします．質問に答えましょう． (061) *À l'aide du dessin « Chez Jeanne » (p.112), l'enseignant pose des questions. Répondez-y.*

Ex.1 : Qu'est-ce qu'il y a sur le lit ?
→ Il y a un chat.

Ex. 2 : Où est le vase ?
→ Il est sur la table.

5 ペアになり，同じ練習をしましょう．*Avec votre voisin(e), réalisez la même activité.*

(062) **1** 会話を聞きましょう． *Écoutez ce dialogue.*

2 3 人で会話を読んでみましょう． *À trois. Lisez ce dialogue.*

Daisuke au café

🔲 授業が終わり，マリア，ルイジ，大介の３人はオルレアンの中心街，マルトロワ広場にあるカフェに来ている．ルイジが広場の真ん中にある彫像を指さす． *Après les cours, María, Luigi et Daisuke sont au café dans le centre-ville d'Orléans, sur la place du Martroi. Luigi montre du doigt la statue au milieu de cette place.*

Luigi: La statue, qu'est-ce que c'est ?
María: C'est la statue de Jeanne d'Arc, bien sûr !
Luigi: Ah bon !

🔲 携帯電話が鳴る． *Un téléphone portable sonne.*

María: Daisuke, ton portable sonne.
Daisuke: Excusez-moi.（電話で）Allô ?
           ...
           La télécommande de ma télévision ?
           Elle est à côté de mon ordinateur. Salut !
           （電話を切って）C'est Lucien, mon frère français.
           Il regarde la télévision dans ma chambre.

María: Tu habites dans une maison ou dans un
           appartement ?
Daisuke: J'habite dans une maison.
Luigi: Elle est comment ?
Daisuke: Elle est grande. Il y a une cuisine, un salon et quatre chambres.
María: Est-ce qu'il y a un jardin ?
Daisuke: Oui, il y a un jardin devant la maison. Carine adore les fleurs. Il y a beaucoup de vases
           avec des fleurs dans la maison.

Daisuke: （ルイジのカバンの下にあった鍵を指して）Luigi, les clés sous ton sac, qu'est-ce que c'est ?
Luigi: Ce sont les clés de mon logement.
Daisuke: Où habites-tu ?
Luigi: J'habite à la cité universitaire, à côté de l'université.
Daisuke: C'est pratique ?
Luigi: Oui, mais ma chambre est petite.
Daisuke: Ah bon, elle est comment ?
Luigi: Il y a une petite entrée. En face de l'entrée, il y a une étagère. À gauche de l'étagère, il y a
           un lit. Et à droite, il y a une table avec une chaise.
Daisuke: Il n'y a pas de télévision ?
Luigi: Si, il y a une petite télévision sur la table.
María: Mais il n'y a pas de toilettes et pas de salle de bains dans la chambre de Luigi...

🔲 大介には，マリアがルイジの部屋について何でそんなことまで知っているのかと不思議に思っている暇はなかった．ふと見ると，以前マリアやルイジとカフェテリアにいたときに見かけた娘（3 課参照）がジャンヌ・ダルクの騎馬像のすぐ近くに座っていたのだ．大介は友人たちの驚きを尻目に，今度は勇気をふるい起こして娘の方に走り始めた． *Daisuke n'a pas le temps de se demander comment María connaît cette information sur la chambre de Luigi, car il remarque soudain, assise tout près de la statue équestre de Jeanne d'Arc, la jeune fille qu'il avait déjà vue à la leçon 3 quand il était à la cafétéria avec María et Luigi. Cette fois-ci, il prend son courage à deux mains et court à sa rencontre sous le regard étonné de ses deux amis.*

(062) **1** 会話を聞いて，オルレアンの大介の家の説明として正しい方を選びましょう．
Réécoutez le dialogue et choisissez les bonnes assertions concernant la maison de Daisuke à Orléans (une sur deux est correcte).

1.	a.	La maison est petite.	2.	a.	Il y a des fleurs dans la maison.
	b.	La maison est grande.		b.	Il n'y a pas beaucoup de vases dans la maison.

3.	a.	Il y a un jardin.	4.	a.	Il y a une cuisine, une salle et quatre chambres.
	b.	Il y a un jardin derrière la maison.		b.	Il y a quatre chambres, un salon et une cuisine.

2 次の質問の答をフランス語の文で書きましょう．Répondez à ces questions à l'écrit par une phrase complète.

a) Qu'est-ce qu'il y a à côté de l'ordinateur de Daisuke ? → _____

b) Où sont les clés de la chambre de Luigi ? → _____

c) Qui habite à côté de l'université ? → _____

d) Chez Luigi, qu'est-ce qu'il y a à droite de l'étagère ? → _____

(062) **3** 会話を聞いてシャドーイングしましょう．Écoutez et répétez le dialogue en faisant du *shadowing*.

4 発音やイントネーションをできるだけ上手に再現しながら，3人で会話してみましょう．
À trois. Jouez le dialogue en essayant de reproduire au mieux la prononciation et l'intonation, et de lire le moins possible.

5 次の説明を読み，ルイジの部屋を描きます．そしてペアの相手とお互い
の絵をくらべてみましょう．À l'aide de cette description, dessinez la chambre de Luigi.
Comparez ensuite votre dessin avec celui de votre voisin(e).

La chambre de Luigi

Dans la chambre de Luigi, il y a une petite entrée. En face de l'entrée, il y a une étagère. À gauche de l'étagère, il y a un lit. Et à droite, il y a une table avec une chaise. Il y a une petite télévision sur la table. Il n'y a pas de toilettes et pas de salle de bains dans la chambre.

6 「ジャンヌの部屋」の絵（112ページ）にならい，家具や物が置いてある部屋を描きます．次にペアの相手にフ
ランス語であなたの描いた部屋の説明をして，絵を描いてもらいます．最後にお互いの絵をくらべてみましょう．
Sur le modèle du dessin « Chez Jeanne », (p.112), dessinez l'intérieur d'une pièce avec ses objets et ses meubles. Ensuite, décrivez votre dessin à votre voisin(e) qui doit le reproduire. Enfin, comparez les deux dessins.

私の絵 Mon dessin	ペアの相手の絵 Le dessin de mon (ma) voisin(e)

Qu'est-ce qu'ils portent ?

彼らは何を着ていますか？

MINI-DIALOGUES

聞いて発音を練習しましょう．次に2人で会話してみましょう．Écoutez, répétez, puis jouez ces dialogues avec votre voisin(e).

(063) **1** 容姿や服装を尋ねる・説明する
Demander / décrire l'apparence physique

Il est comment, ce voleur ?

C'est un homme petit qui porte des lunettes. Il a les cheveux longs et bruns.

(064) **2** 持ち主を言う Exprimer la possession

À qui est ce sac noir ?

Il est à moi.

GRAMMAIRE

1 関係代名詞 qui / que
(065)

a) **qui**：先行詞は関係節の動詞の主語で，人でも物でもよい．
La fille **qui** porte des lunettes est mon amie.

b) **que**：先行詞は関係節の動詞の直接目的語で，人でも物でもよい．
Le film **que** je regarde est intéressant.

2 指示形容詞
(066)

	m.	*f.*		
s.	ce (cet)	cette	ce sac	cette jupe
pl.	ces		ces sacs	ces jupes

- ce は母音字あるいは無音の h で始まる名詞の前では，cet になる．cet ordinateur / cet homme

3 人称代名詞の強勢形
(067)

主語	強勢形	主語	強勢形
je	**moi**	nous	**nous**
tu	**toi**	vous	**vous**
il	**lui**	ils	**eux**
elle	**elle**	elles	**elles**

強勢形の用法

a) 主語を強調する
Lui, il est italien. **Elle**, elle est espagnole.

b) 前置詞の後
Ce sac est à **toi**. / Ces clés sont à **nous**.

c) C'est の後
– C'est qui ?
– C'est **moi**.

---

(068) **色を表す形容詞** Adjectifs de couleur

jaune ● verte blanche ● grise ● marron ● beige
● bleue ● rouge ● noire ● rose ● orange ● violette

人の説明に役立つ形容詞 Adjectifs de description

blonde（金髪の） jeune（若い） petite（小さい） grosse（太った） longue（長い）
brune（茶色の） âgée（年取った） grande（大きい） mince（ほっそりした） courte（短い）

(069) 単語を聞いて発音を練習，覚えましょう． Écoutez, répétez et mémorisez ces mots.

衣類・装身具 Vêtements et accessoires

 pull

 pantalon

 tee-shirt

 manteau

 chapeau

 sac

 chemise

 jupe

 robe

 veste

 chaussure

 lunettes

ENTRAÎNEZ-VOUS !

1 例にならって，単語の前に ce, cet, cette, ces のうち適切なものを入れて単語を書きましょう．
Complétez avec *ce, cet, cette,* ou *ces.*

Ex. : ce portable

c) _____

a) _____

d) _____

b) _____

e) _____

(070) **2** 先生が衣類のフラッシュカードを見せます．例にならって対応する文を答えましょう． L'enseignant montre une *flashcard* « vêtements ». Dites la phrase correspondante.

Ex. : → Ce pantalon est blanc.

3 例にならって質問に答えましょう．
Répondez comme dans l'exemple.

Ex. : C'est ton sac ? → Oui, il est à moi.

a) – C'est sa veste ?
 – Oui, _____ (*m.*)

b) – Ce sont tes clés ?
 – Non, _____

c) – C'est leur appartement ?
 – Oui, _____ (*f.*)

d) – C'est votre maison ?
 – Non, _____ (*pl.*)

e) – C'est son chapeau ?
 – Oui, _____ (*f.*)

4 次に聞くのは「公園で」の絵（113 ページ）に描か (071) れた人物の説明です．文を書き取り，誰のことか答えましょう． Écrivez les phrases que vous entendez. Puis en regardant le dessin « Dans un parc » (p.113), indiquez de qui il s'agit.

Ex. : C'est une fille qui porte un pull rouge et une jupe verte. → C'est Lilah.

a) C'est _____
 _____ → C'est _____ .

b) C'est _____
 _____ → C'est _____ .

c) C'est _____
 _____ → C'est _____ .

d) C'est _____
 _____ → C'est _____ .

5 ペアになり，絵を使って練習を続けます．1 人が絵の人物を説明し，相手は誰の説明か当てましょう． Avec votre voisin(e), poursuivez l'activité 4 : l'un(e) décrit un personnage du dessin, l'autre devine de qui il s'agit.

6 ペアになり，それぞれが絵の人物を選びます．例 (072) にならってお互いに質問をして相手が選んだ人物を当てましょう． Avec votre voisin(e), pensez chacun(e) à un personnage du dessin. Posez-vous ensuite des questions pour deviner à qui pense l'autre.

Ex. : – Est-ce que c'est une fille ?
  – Non, c'est un garçon.
  – Est-ce qu'il porte une chemise ?
  – Oui, il porte une chemise.
  – Est-ce qu'elle est blanche ?
  – Oui, elle est blanche.
  – Est-ce que c'est Hugo ?
  – Oui, c'est lui.

1 会話を聞きましょう. *Écoutez ce dialogue.*

2 2人で会話を読んでみましょう. *À deux. Lisez ce dialogue.*

Jeanne et Daisuke

🗨 大介は娘と話すことができた. 名前はジャンヌ・バール. 今日は知り合って初めてのデートで, 2人はオルレアンの歩道を散歩している. *Daisuke a parlé avec la jeune fille. Elle s'appelle Jeanne. Jeanne Bars. Aujourd'hui, c'est leur première rencontre depuis qu'ils ont fait connaissance. Ils se promènent dans les rues piétonnes d'Orléans.*

Jeanne: Daisuke, est-ce que tu aimes regarder les boutiques ?

Daisuke: Comme ci comme ça. Et toi ?

Jeanne: Moi, j'adore ça ! Et j'aime faire les magasins.

Daisuke: Pourquoi ?

Jeanne: Eh bien, parce que j'aime la mode !

Daisuke: Ah bon ?

Jeanne: Oui. Je suis étudiante en stylisme. Je dessine des vêtements.

Daisuke: C'est intéressant ! Quels vêtements dessines-tu ?

Jeanne: Des robes, des vestes, des chemises... Des chapeaux aussi !

Daisuke: Génial !

街中のブティック

Daisuke: （ちょっと心配になって）Est-ce que tu aimes mes vêtements ?

Jeanne: J'aime bien les chaussures que tu portes. Et ton pantalon aussi...

Daisuke: Merci ! Et mon pull ?

Jeanne: Franchement ? Je déteste la couleur. Jaune, c'est horrible !

Daisuke: （がっかりして）Eh bien, toi, tu es directe !

Jeanne: Oh, excuse-moi...

Daisuke: Est-ce que tu aimes le pull qui est dans ce magasin ?

Jeanne: Le pull rouge qui est sur l'étagère ? J'adore !

🗨 ジャンヌと大介は話しながら散歩を続ける. *Jeanne et Daisuke continuent à se promener en discutant.*

Jeanne: Tes deux amis, María et Luigi, ils sont italiens ?

Daisuke: Lui, il est italien. Elle, elle est espagnole.

Jeanne: Ils sont comment ?

🗨 大介には質問に答えている暇はなかった. ちょうど遠くにマリアとルイジが見えたからだ. *Daisuke n'a pas le temps de répondre qu'il aperçoit justement, au loin, María et Luigi.*

Daisuke: （2人を指さして）Ce sont eux, là-bas !
Luigi, c'est le garçon grand et blond qui porte une chemise verte.

Jeanne: D'accord.

Daisuke: Et María, c'est la fille petite et brune qui porte un pantalon violet.

Jeanne: Ah oui ! Elle est très jolie, ton amie María...

Daisuke: （用心深く）Euh, oui... Comme ci comme ça...

(073) **1** 会話を聞いて表をうめましょう． Réécoutez le dialogue et complétez le tableau suivant.

	Luigi	María
国籍 Nationalité		
身長 Taille		
髪の色 Couleur de cheveux		
洋服とその色 Vêtements et couleur		

2 次の質問の答をフランス語の文で書きましょう． Répondez à ces questions à l'écrit par une phrase complète.

a) Jeanne aime-t-elle regarder les boutiques ?　　→ _____

b) Qu'est-ce que Jeanne étudie ?　　→ _____

c) Est-ce que Jeanne aime le pantalon que Daisuke porte ? → _____

d) Quelle est la couleur du pull qui est dans le magasin ?　→ _____

(073) **3** 会話を聞いてシャドーイングしましょう． Écoutez et répétez le dialogue en faisant du *shadowing*.

4 発音やイントネーションをできるだけ上手に再現しながら，2 人で会話してみましょう．
À deux. Jouez le dialogue en essayant de reproduire au mieux la prononciation et l'intonation, et de lire le moins possible.

5 サーシャとドミニク（男女ともに使える名前）が右のカップルの服装の品定めをしています．ペアになり，次の会話を読んで，服装の脇に書き込んである好き嫌いの評価に合うように，会話の続きを作りましょう．例にならい関係代名詞 que を使ってください． À deux. Sacha et Dominique (ce sont des prénoms mixtes) donnent leur avis sur les vêtements que porte un couple. Lisez le dialogue et continuez-le en fonction des appréciations indiquées près des vêtements. NB : Utilisez le pronom relatif « que » comme indiqué dans l'exemple.

思い出そう！ Rappel

+	+ +	+ + +
aimer (bien)	aimer beaucoup	adorer

−	− −	− − −
ne pas aimer beaucoup	ne pas aimer	détester

Dominique: Est-ce que tu aimes leurs vêtements ?

Sacha: J'aime bien la jupe que la femme porte.

Dominique: Moi, je déteste le chapeau que l'homme porte. Rouge, c'est horrible !

Sacha: Est-ce que tu aimes la chemise de la femme ?

Dominique: Non, _____

Sacha: _____

Dominique: _____ Etc.

chapeau − − −

chapeau + +

manteau + +

veste − − −

pull − −

chemise −

pantalon +

jupe

chaussures −

chaussures + + +

On y va comment ?
どうやって行きましょうか ？

MINI-DIALOGUES

聞いて発音を練習しましょう．次に2人で会話してみましょう．Écoutez, répétez, puis jouez ces dialogues avec votre voisin(e).

(074) **1** 移動について説明する Exprimer un déplacement

a)

> Tu vas où ? À la gare ?

> Non, je vais au supermarché.

b)

> Vous venez d'où ?

> Je viens de l'université.

(075) **2** 交通手段を言う Indiquer un moyen de transport

> On va à l'hôtel comment ? À pied ou en bus ?

> On y va à pied. Je n'aime pas prendre le bus.

GRAMMAIRE

1 動詞　aller, venir, prendre

aller （行く）				(076)
je	**vais**	nous	**allons**	
tu	**vas**	vous	**allez**	
il / elle	**va**	ils / elles	**vont**	

venir （来る）			
je	viens	nous	ven**ons**
tu	viens	vous	ven**ez**
il / elle	vient	ils / elles	vienn**ent**

prendre （乗る・取る・食べる）			
je	prends	nous	pren**ons**
tu	prends	vous	pren**ez**
il / elle	prend	ils / elles	prenn**ent**

2 前置詞　à + 定冠詞の縮約　(077)

à + **le** = au
à + **les** = aux

Elle va **au** restaurant.
Il est **aux** toilettes.

• à la, à l' の場合は縮約しない．
Elle va à la boulangerie. / Je téléphone à l'hôtel.

3 前置詞　en / à ＋乗り物　(078)

a) **à** : 上に乗っている場合（現在では en vélo, en scooter とも言う）
à vélo, à scooter, à cheval

b) **en** : 中に乗っている場合
en voiture, **en** train, **en** bus

4 à ＋場所に代わる中性代名詞 y　(079)

y は前置詞 à に導かれる場所を表す表現に代わり，「そこへ・そこに」を表す．

– Tu vas à la gare comment ? – J'y vais en bus.

5 不定代名詞 on （= nous）　(080)

on は人一般「人は，人々は」を表す代名詞で，会話では nous「私たちは」の代わりに用いられることが多い．動詞は3人称単数形．

Comment **on** y va ? / **On** prend un taxi ?

081 単語を聞いて発音を練習し，覚えましょう． Écoutez, répétez et mémorisez ces mots.

場所 Lieux publics

| gare | boulangerie | université | hôtel | restaurant | supermarché |

交通手段 Moyens de transport

| voiture | à pied | vélo | scooter | bus | train | avion | bateau |

ENTRAÎNEZ-VOUS !

1 aller, venir, prendre の適切な活用形を入れて，空欄をうめましょう． Complétez avec *aller, venir* ou *prendre*.

a) – Vous _____ où ?
　 – Je _____ à l'université.

b) – On _____ le bus ?
　 – Non, on y _____ à pied.

c) – Il _____ d'où ?
　 – Il _____ de France.

d) – Vous _____ à la boulangerie ?
　 – Non, nous _____ au supermarché.

e) – Tu aimes _____ l'avion ?
　 – Non, je déteste ça.

2 例にならって文を作りましょう． Écrivez des phrases.

Ex. : – Tu vas à la gare comment ?
　　　 – J'y vais en bus.

a) – Elle _____ ?
　 – _____

b) – Vous _____ ?
　 – _____ (s.)

c) – Ils _____ ?
　 – _____

d) – On _____ ?
　 – _____

e) – Nous _____ ?
　 – _____

3 先生が場所と交通手段のカードを見せます．例にならって対応する文を答えましょう． L'enseignant montre une *flashcard* « lieux publics », puis une autre « moyens de transport ». Dites la phrase correspondante. **082**

Je vais à la gare en bus.

4 3つの会話を聞いて，表の空欄をうめましょう． Écoutez les 3 dialogues et complétez le tableau. **083**

	Ils vont où ?	Comment ?
Ex. :	à l'hôtel	à pied
a)		
b)		
c)		

5 クラスの仲間2人に次の場所にいつもどうやって行くかを尋ねましょう． À trois. Demandez à deux camarades de classe comment ils (elles) se rendent en général aux lieux suivants.

	Camarade 1	Camarade 2

(084) **1** 会話を聞きましょう. *Écoutez ce dialogue.*

2 2人（1人2役）で会話を読んでみましょう. *À deux (chaque étudiant fait 2 personnages). Lisez ce dialogue.*

Daisuke chez Jeanne

大介がジャンヌをマリアとルイジに紹介すると，4人は気が合い，すぐに仲よくなった．ジャンヌが小旅行の提案をし，相談のため皆でジャンヌの家に集まることになる．約束の時間に遅れて来た大介は，赤いセーター姿だった． *Daisuke a présenté Jeanne à María et à Luigi. Tous les quatre s'entendent bien. Il y a quelque temps, Jeanne leur a proposé de faire un petit voyage. Ils ont rendez-vous chez Jeanne pour en parler. Daisuke arrive en retard. Il porte un pull rouge.*

Jeanne:	Ah, enfin !
Daisuke:	Excusez-moi, je suis en retard.
Jeanne:	Tu viens d'où ?
Daisuke:	Je viens de la banque.
Luigi:	J'aime beaucoup ton pull.
Daisuke:	Merci !

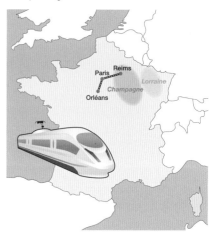

María:	Bon, on parle du voyage ?
Luigi:	Jeanne, où proposes-tu d'aller ?
Jeanne:	Je propose d'aller à Reims.
Luigi:	Pourquoi à Reims ? Tu viens de Reims ?
Jeanne:	Non, je viens de Lorraine.
	Mais Reims est très intéressant !
Daisuke:	Pourquoi ?
Jeanne:	Eh bien, d'abord, parce qu'il y a le champagne !
	Et aussi, parce qu'il y a une jolie cathédrale.
María:	Comment allons-nous à Reims : en bus ou en train ?
Jeanne:	Nous y allons en train.
María:	D'accord.

日本料理店

Luigi:	Bon, c'est samedi aujourd'hui. On va où, ce soir ?
Jeanne:	On va au restaurant ?
Daisuke:	Bonne idée !
María:	Jeanne, quelle cuisine est-ce que tu aimes ?
Jeanne:	J'aime bien la cuisine japonaise.
Daisuke:	Ah bon ? Il y a un très bon restaurant japonais à côté de chez moi.
Luigi:	Comment on y va ? On prend un taxi !
María:	Non... Nous y allons en tramway !
Daisuke:	Non... On y va à vélo !
Jeanne:	Non... À pied !
Luigi:	À pied ? Est-ce que c'est loin ?
Daisuke:	Non, ce n'est pas loin. Paresseux !

貸し自転車のコーナー

(084) **1** 会話を聞いて，それぞれの登場人物がレストランに行くために提案している交通手段を表に書き入れましょう. Réécoutez le dialogue et indiquez dans le tableau le moyen de transport proposé par les personnages pour aller au restaurant.

	Daisuke	Jeanne	María	Luigi
Transport proposé				

2 次の質問の答をフランス語の文で書きましょう. Répondez à ces questions à l'écrit par une phrase complète.

a) Pourquoi Daisuke est-il en retard ? → _____

b) D'où vient Jeanne ? → _____

c) Est-ce que les quatre amis vont à Reims en voiture ? → _____

d) Jeanne déteste-t-elle la cuisine japonaise ? → _____

(084) **3** 会話を聞いてシャドーイングしましょう. Écoutez et répétez le dialogue en faisant du *shadowing*.

4 発音やイントネーションをできるだけ上手に再現しながら，2人で会話してみましょう.
À deux. Jouez le dialogue en essayant de reproduire au mieux la prononciation et l'intonation, et de lire le moins possible.

5 アンドレアとテリー（どちらも男女ともに使える名前）はオルレアンに滞在中の外国人学生で，旅行の計画について話すために落ち合いました. ペアになり，44 ページの会話と右の絵を参考にして，次の会話の空欄をうめましょう. AとBを役割交代して演じて下さい. À deux. Andrea et Terry, deux étudiant(e)s étrangers(ères) à Orléans, organisent leur voyage. En vous aidant du dialogue de la p.44 et des illustrations proposées, complétez les phrases du dialogue ci-dessous. Faites cette activité 2 fois (= illustrations « A » et illustrations « B ») en intervertissant les rôles. [NB : Andrea et Terry sont des prénoms mixtes].

	A	B
(1)		
(2)		
(3)	Nice	Grenoble
(4)		
(5)	/	/
(6)		
(7)		
(8)		
(9)		

Andrea: Tu viens d'où ?

Terry: Je viens _____.

Andrea: J'aime beaucoup _____.

Terry: Merci ! On parle du voyage ?

Andrea: Où proposes-tu d'aller ?

Terry: Je propose d'aller _____.

Andrea: Pourquoi _____ ?

Terry: Parce qu'il y a _____ !

Andrea: Comment y allons-nous : _____ ou _____ ?

Terry: Nous y allons _____.

Andrea: D'accord. Ce soir, on va au restaurant ?

Terry: Bonne idée ! Quelle cuisine est-ce que tu aimes ?

Andrea: J'adore la cuisine _____.

Terry: Il y a un bon restaurant _____ au centre-ville.

Andrea: Comment on y va ? _____ ?

Terry: Non... Nous y allons _____ !

Quel temps fait-il ?

どんな天気ですか？

MINI-DIALOGUES

聞いて発音を練習しましょう．次に2人で会話してみましょう．Écoutez, répétez, puis jouez ces dialogues avec votre voisin(e).

(085) **1** 天候について話す Parler du temps

Quel temps fait-il* à Paris ?

Il fait beau !

(086) **2** 時刻を尋ねる・言う Demander / dire l'heure

Quelle heure est-il* ?

Il est 10 heures 30.

* 天候や時刻を表す表現では，非人称の il を主語とする非人称構文を用いる．

GRAMMAIRE

1 天候の表現 (087)

a) Quel temps fait-il ? – Il fait beau. / Il pleut.

b) Quelle température fait-il ? – Il fait 23 degrés.

2 時刻の表現 (088)

– Quelle heure est-il ?

– Il est...

1h00	une heure	7h00	sept heures
2h00	deux heures	8h00	huit heures
3h00	trois heures	9h00	neuf heures
4h00	quatre heures	10h00	dix heures
5h00	cinq heures	11h00	onze heures
6h00	six heures	12h00/0h00	midi / minuit

- 12 時は douze heures または midi，0 時は zéro heure または minuit．
- 日常生活では普通 12 時間制を使うが，時刻表やテレビなどでは 24 時間制を使う．

公式の言い方 Heure officielle		日常的な言い方 Heure courante
une heure	1h00	
une heure cinq	1h05	
une heure dix	1h10	
une heure quinze	1h15	une heure **et quart**
une heure vingt	1h20	
une heure vingt-cinq	1h25	
une heure trente	1h30	une heure **et demie**
une heure trente-cinq	1h35	
une heure quarante	1h40	deux heures **moins vingt**
une heure quarante-cinq	1h45	deux heures **moins le quart**
une heure cinquante	1h50	deux heures **moins dix**
une heure cinquante-cinq	1h55	deux heures **moins cinq**
deux heures	2h00	

---

(089) **曜日・月・季節** Jours, mois, saisons

a) 曜日 **jours**

lundi(月)，mardi(火)，mercredi(水)，jeudi(木)，vendredi（金），samedi（土），dimanche（日）

hier（昨日）aujourd'hui（今日）demain（明日）

matin（朝）après-midi（午後）soir（夕）

b) 月 **mois**

janvier, février, mars, avril, mai, juin, juillet, août, septembre, octobre, novembre, décembre

c) 季節 **saisons**

(au) printemps 春（に），(en) été 夏（に），

(en) automne 秋（に），(en) hiver 冬（に）

(090) 単語を聞いて発音を練習し，覚えましょう．*Écoutez, répétez et mémorisez ces mots.*

天候 Météo

Il fait beau.　Il y a des nuages.　Il y a du vent.　Il y a de l'orage.　Il pleut.　Il neige.

Il fait...　　chaud （暑い）　　doux （暖かい）　　humide （じめじめした）
　　　　　　　froid （寒い）　　frais （涼しい）　　sec （乾燥した）

1 次の時計の時刻を書きましょう．*Écrivez l'heure.*

Ex. : Il est dix heures dix.　c) _____

a) _____　　d) _____

b) _____　　e) _____

(091) **2** 次の時刻を示す文を聞いて書き取り，対応する時計の番号を記入しましょう．
Écrivez l'heure que vous entendez, puis associez-la à un réveil.

Ex. : Il est midi et demie. → 0　　0. `12:30`

a) _____ → ___　　1. `11:20`

b) _____ → ___　　2. `7:15`

c) _____ → ___　　3. `4:55`

d) _____ → ___　　4. `1:45`

e) _____ → ___　　5. `8:30`

(092) **3** ペアになり，お互いに時刻を尋ね，自由に答えます．尋ねた方は答えを書き取り，相手に確かめてもらいましょう．*Demandez l'heure à votre voisin(e) qui répond une heure imaginaire. Écrivez-la. Votre voisin(e) vérifie.*

Ex. : – Quelle heure est-il ?
　　　 – Il est minuit cinq. → 00h05

4 ペアになり，例にならって交代で質問しましょう． (093)
Avec votre voisin(e), posez-vous des questions.

Ex.1 : – Quel temps fait-il à Nantes ?
　　　　 – Il y a des nuages.

Ex.2 : – Quelle température fait-il à Lyon ?
　　　　 – Il fait 6 degrés.

5 a) ペアになり，交代で次の3つの質問をしましょう． (094)
Avec votre voisin(e), posez-vous les trois questions suivantes.

1) Quelle est ta date d'anniversaire ?
　 Ex. : C'est le 20 février.

2) Quel est le jour que tu préfères ?
　 Ex. : C'est le samedi.

3) Quelle est la saison que tu préfères ?
　 Ex. : C'est le printemps.

b) 例にならって，ペアの相手をクラスで紹介しましょう．*Sur le modèle suivant, présentez votre voisin(e).*

Ex. : Son anniversaire est le 20 février. Son jour préféré est le samedi. Sa saison préférée est le printemps.

(095) **1** 会話を聞きましょう．Écoutez ce dialogue.
2 2人（1人2役）で会話を読んでみましょう．À deux (chaque étudiant fait 2 personnages). Lisez ce dialogue.

Daisuke voyage

 夕暮れ時だ．4人の仲間はランスの大聖堂の前にいる．マリアが電話するために離れてゆく．
Nous sommes en fin de journée. Les quatre amis sont à Reims. Ils sont devant la cathédrale. María s'est éloignée pour téléphoner.

Daisuke: María, elle téléphone à qui ?

Luigi: Elle téléphone à sa mère.

Daisuke: Ah bon !

Luigi: Oui, aujourd'hui, c'est son anniversaire.

Daisuke: Quel jour sommes-nous ?

Jeanne: Nous sommes le 15 novembre.

Luigi: Moi, mon anniversaire, c'est le 3 mars.
　　　　Et l'anniversaire de María, c'est le 17 septembre.

Jeanne: Daisuke, quelle est ta date d'anniversaire ?

Daisuke: C'est le 29 juin. Et toi, Jeanne ?

Jeanne: Moi, c'est le 6 janvier...

 マリアが電話を終える．María a terminé de téléphoner.

María: Brrr ! Il fait froid à Reims !

Luigi: Oui, et il y a des nuages...

Jeanne: Quel temps fait-il à Kanazawa ?

Daisuke: En hiver, il fait très froid et il neige beaucoup.
　　　　En été, il fait très chaud et très humide.

Luigi: Et au printemps et en automne ?

Daisuke: Il fait assez doux.

María: Est-ce qu'il pleut beaucoup ?

Daisuke: Oui, il pleut beaucoup. Aux mois de juin et de juillet,
　　　　il y a la saison des pluies.

Jeanne: Quelle heure est-il ?

Daisuke: Il est 20h00.

Luigi: On va où ? On visite la cathédrale ?

Jeanne: La cathédrale est fermée maintenant. Elle ferme à 19h30.

Luigi: On prend un apéritif, alors ? Un verre de champagne ?

María: Super !

095 **1** 会話を聞いて表をうめましょう． Réécoutez le dialogue et complétez le tableau suivant.

	Jeanne	María	Daisuke	Luigi	Mère de María
Date d'anniversaire Ex. : 16 / 10					

2 次の質問の答をフランス語の文で書きましょう． Répondez à ces questions à l'écrit par une phrase complète.

a) Pourquoi María téléphone-t-elle à sa mère ?　　　→ _____

b) Est-ce qu'il fait chaud à Reims ?　　　→ _____

c) Quel temps fait-il à Kanazawa en été ?　　　→ _____

d) Pourquoi les quatre amis ne visitent-ils pas la cathédrale ? → _____

095 **3** 会話を聞いてシャドーイングしましょう． Écoutez et répétez le dialogue en faisant du *shadowing*.

4 発音やイントネーションをできるだけ上手に再現しながら，2人で会話してみましょう．
À deux. Jouez le dialogue en essayant de reproduire au mieux la prononciation et l'intonation, et de lire le moins possible.

5 あなた方はトゥールーズ出身のフランス人と日本人で，2人ともオルレアンで勉強しています．48ページの会話を参考にし，2人で協力して，出身地および故郷の地方や町の季節ごとの気候を尋ねる会話を書き，演じましょう．
À deux. L'un(e) de vous est toulousain(e) ; l'autre est japonais(e). Vous étudiez tou(te)s les deux à Orléans. Vous vous interrogez : (1) d'où vous venez ? (2) Quel est le climat dans votre région / ville (en demandant des détails sur les saisons) ? Écrivez le dialogue de votre conversation à deux mains et jouez-le. NB : Aidez-vous du dialogue de la p.48.

Météo à Toulouse	Printemps	Été	Automne	Hiver
		sec /		un peu
	12°	21°	14°	6°

注：気温は平均気温． NB : les températures sont des moyennes.

6 リール出身のフランス人との会話を練習5と同じように演じましょう． Même activité que l'activité 5. L'un(e) de vous est Lillois(e).

Météo à Lille	Printemps	Été	Automne	Hiver
	9°	17°	11°	4°

49

Géographie et climat
地理と気候

DÉCOUVREZ !

裏見返しにあるフランスの地図を見て，クイズに答えてみましょう．次に右のページの文章を読んで答を確かめてください．Essayez tout d'abord de répondre à ce quiz en vous aidant de la carte de la France à la fin du manuel. Dans un second temps, lisez le texte de la page de droite pour y vérifier vos réponses.

1 フランス本土はどのような形をしていますか．
Choisissez parmi les figures suivantes celle qui correspond à la forme de la France métropolitaine.

1) ◯   2) ▢   3) ⬠   4) ⬡

2 フランス本土の面積は日本と比べるとどのぐらいでしょう．
Quelle est la taille de la France métropolitaine par rapport à celle du Japon ?

1) 2 分の 1   2) 同じくらい   3) 3 倍   4) 1.5 倍
La moitié   Environ la même   Le triple   Une fois et demie supérieure

3 イタリアとの国境にあるフランスの山脈はどれですか．
Quel est le nom de la chaîne de montagnes située entre la France et l'Italie ?

1) Les Alpes   2) Le Jura   3) Les Pyrénées   4) Les Vosges

4 フランス本土の中で平野はどのくらいの割合ですか．
Quelle est la proportion de plaine par rapport à la superficie de la France métropolitaine ?

1) 5 分の 1   2) 3 分の 1   3) 3 分の 2   4) 4 分の 3
Le cinquième   Le tiers   Les deux tiers   Les trois quarts

5 フランスの河川の中で一番長いものはどれですか．
Quel est le fleuve le plus long de France ?

1) La Loire   2) La Seine   3) La Garonne   4) Le Rhône

6 夏は暑く乾燥しており，冬は短く暖かいのは次のどの地方ですか．
L'été y est chaud et sec, l'hiver y est court et doux. De quelle région s'agit-il ?

1) L'Alsace   2) La Provence   3) L'Île-de-France   4) La Bretagne

7 フランスの海外県レユニオンがあるのはどの地域ですか．注：12 ページにフランス語圏の地図があります．
Dans quelle région du monde se trouve La Réunion (DOM) ? NB : Vous pouvez vous aider de la carte de la francophonie de la p.12.

1) En Europe   2) En Afrique   3) En Asie   4) En Amérique du Sud

　フランス本土はユーラシア大陸の北緯41度と北緯52度の間，南北軸ではヨーロッパのほぼ中央に位置しています．面積約55万平方キロメートルは西ヨーロッパでは最大です．人口は約6700万人（日本の約2分の1）で，EUではドイツに次ぐ人口です．

　フランス本土はその形からしばしば6角形 l'Hexagone と呼ばれます．6角形の6辺のうち3辺は，英仏海峡 la Manche，大西洋 l'Océan Atlantique，地中海 la Mer Méditerranée に面しており，7000キロメートルに及ぶ海岸線の風景は変化に富んでいます．残りの3辺では近隣の8カ国(Leçon0の6で挙げた国々に加えて Monaco と Andorre）と国境を接し，うち2辺はスペイン国境のピレネー山脈，及びイタリアとスイスにまたがるアルプス山脈，スイス国境のジュラ山脈，ドイツ国境のヴォージュ山脈といった山々が国境線を形作っています．

　中央部には中央山地もありますが，フランス本土の3分の2は平野です．そしてセーヌ川（776 km），ロワール川（1012 km），ガロンヌ川（575 km），ローヌ川（812 km）などの大きな河川とその支流が肥沃な大地を潤しています．海，山，平野という多様な地形に特色があります．

　フランスには，温帯地域の代表的な3つの気候が見られます．にわか雨が多く，暖かい冬と涼しい夏が特徴的な西部の海洋性気候，夏は暑く乾燥しており，冬は短く温暖な地中海沿岸の地中海性気候，夏暑く冬が長く寒い東部の大陸性気候です．寒さが厳しく積雪の多い山岳地域を除くと，緯度が高いわりに，暖流や大気の影響で年間を通じて温和な気候と言えるでしょう．フランスがEU第1の農業国として，穀物や畜産の生産量を誇っているのは，広大で肥沃な平野に加え，温暖で多様な気候に恵まれているからです．

　多様性と言えば，もう一つ忘れてならないのが海外県の存在です．現在フランスの本土には96の県，13の地域圏がありますが，それ以外にインド洋のレユニオン，マイヨット，カリブ海のグアドループとマルティニック，南アメリカ大陸の北にあるギアナという5つの海外県（DOM）及び太平洋の仏領ポリネシア，ワリス・エ・フトゥナなどの海外準県（COM）があります．こうした地域は植民地政策から受け継がれたものではありますが，人々の往来とともに熱帯地方の果物や鉱石などを本土にもたらし，フランスの多様性を広げているのです．

レユニオンの浜辺

1 絵を見て質問に答えましょう.
Regardez ce tableau et répondez aux questions.

VAN GOGH, *La chambre de Van Gogh à Arles*, 1889

a) Qu'est-ce qu'il y a entre la table et le lit ?

b) Où est le lit ?

c) Qu'est-ce qu'il y a derrière le lit ?

d) Où est la table ?

e) Où est la carafe d'eau ?

f) Est-ce qu'il y a des fleurs dans la chambre ?

g) Où est la fenêtre ?

h) Quelle est la couleur des murs ?

2 次の図はあなたの家族のアパルトマンの間取りです. アパルトマンを説明する文を書きましょう.
Cet appartement est celui de votre famille. Décrivez-le.

Ex. : J'habite dans un appartement avec mes parents et ma sœur. À gauche de l'entrée, il y a les toilettes. À côté des toilettes, il y a ...

3 次の文をよく読んで, 空欄をうめましょう.
Lisez ces phrases et complétez le tableau.

- Il y a une femme brune et grande.
- À droite du musicien, il y a un garçon mince et brun.
- La femme porte une robe noire.
- Entre le serveur et la chanteuse, il y a un musicien.
- La personne qui est à côté du musicien porte une chemise blanche.
- Le musicien porte un pantalon bleu.
- À gauche du serveur, il y a un homme petit et blond.

職業　Profession			serveur
服装　Vêtements			
身体的特徴 Caractéristiques physiques			

4 ペアになり, クラスの仲間を1人選んで, 髪の長さや色, 身長, 洋服の種類や色などを描写する文を書きます. 次にその文をクラスで読んで, 誰の描写か当ててもらいましょう. À deux. Choisissez un(e) camarade dans la classe et faites-en, à l'écrit, une description. Lisez ensuite votre description à la classe qui doit deviner de qui il s'agit.

Ex. : – C'est une fille grande et brune qui porte une chemise verte, un pull vert, un pantalon bleu et des chaussures noires. Qui est-ce ?
– C'est Maïko.

5 ペアになり, 次の単語を使って交互に質問をし合いましょう. ただし, 同じ単語は1度しか用いてはいけません. Avec votre voisin(e), posez-vous des questions à tour de rôle en utilisant les mots suivants. NB : Vous ne pouvez utiliser qu'une fois le même mot.

anniversaire ?　maison ?　temps ?

jour ?　vêtements ?　couleur ?

date ?　bus ?　saison ?

Leçon 9

Je bois du café.
コーヒーを飲みます.

- 食習慣について話す
  Parler de ses habitudes alimentaires
- 値段を尋ねる・言う
  Demander / dire le prix

Leçon 10

Je m'amuse !
遊びます.

- 習慣について話す
  Parler de ses habitudes quotidiennes
- 日常の活動について話す
  Parler de ses activités quotidiennes
- 数（100 ～ 999 999）
  Les nombres

Leçon 11

J'ai fait les courses.
買物をしました.

- 過去のことを話す⑴
  Parler d'un événement passé (1)
- いつのことだったかを言う
  Situer un événement dans le passé

Leçon 12

Je suis allé à la mer !
海に行きました.

- 過去のことを話す⑵
  Parler d'un événement passé (2)
- 期間を言う
  Exprimer une durée

Leçon 13

J'habitais à Nagano.
長野に住んでいました.

- 過去の習慣について話す
  Parler de ses habitudes passées
- 変化を表す
  Exprimer un changement

Je bois du café.

コーヒーを飲みます.

MINI-DIALOGUES

聞いて発音を練習しましょう. 次に2人で会話してみましょう. Écoutez, répétez, puis jouez ces dialogues avec votre voisin(e).

(096) **1** 食習慣について話す Parler de ses habitudes alimentaires

En général, qu'est-ce que tu prends au petit déjeuner ?

Je mange du pain et une banane, et je bois du lait.

(097) **2** 値段を尋ねる・言う Demander / dire le prix

Combien coûte ce poisson ?

Il coûte 9 euros 50 le kilo.

GRAMMAIRE

1 動詞 manger, boire (098)

表を完成させましょう. Complétez le tableau suivant.

manger（食べる）			
je	mang_	nous	mange___
tu	mang__	vous	mang__
il / elle	mang_	ils / elles	mang___

- 不定詞が -ger で終わる動詞は [ʒ] の音を保つために, a, o の前で ge と綴る.

boire（飲む）			
je	bois	nous	buv**ons**
tu	bois	vous	buv**ez**
il / elle	boi**t**	ils / elles	boi**vent**

2 部分冠詞 (099)

m.	*f.*
du vin (**de l'**alcool)	**de la** soupe (**de l'**eau)

- 液体や食べ物など数えられないものにつける.「ある程度の量」を表す.
- du, de la ともに母音字または無音の h で始まる名詞の前では de l' になる.
- 不定冠詞と同様に, 直接目的語につく部分冠詞は否定文中では de (d') になる. Je **ne** mange **pas de** pain.

3 中性代名詞 en (100)

直接目的語として用いられる不定冠詞・部分冠詞つきの名詞に代わる. 語順は (n')en ＋動詞＋ (pas) ＋数・量・頻度の表現

– Tu bois de l'eau ?   – Oui, j'**en** bois **souvent**.
– Tu manges du riz ?   – Oui, j'**en** mange **parfois**.
– Tu as des frères ?   – Oui, j'**en** ai **deux**.

(101) **頻度の表現** Expression de la fréquence

＋＋	toujours（いつも）	Je mange **toujours** une banane au petit déjeuner.
＋	souvent（よく）	Je bois **souvent** du café le matin.
－＋	parfois（時々）	Je prends **parfois** de la soupe au dîner.
－	rarement（めったに〜ない）	Je mange **rarement** du riz au déjeuner.
－－	ne ... jamais（決して〜ない）	Je **ne** bois **jamais** de lait.

(102) 単語を聞いて発音を練習し，覚えましょう．Écoutez, répétez et mémorisez ces mots.

食品 Aliments

pain	riz	poisson	viande	soupe	œuf
légume	fruit	fromage	gâteau	banane	tomate
eau	vin	lait	jus d'orange	thé	café

ENTRAÎNEZ-VOUS !

1 空欄をうめましょう．Complétez.

a) – Vous mangez _____ riz ?
   – Oui, j' _____ mange souvent.

b) – Elle _____ du thé ?
   – Oui, elle _____ boit parfois.

c) – Qu'est-ce que _____ mangez ?
   – Nous _____ du gâteau.

d) – Vous _____ souvent du vin ?
   – Non, _____ n' _____ buvons jamais.

e) – Tu _____ souvent _____ viande ?
   – Non, je ____ en _____ jamais.

2 例にならって文を作りましょう．
Écrivez des phrases.

Ex. : – Tu manges du pain ?
      – Oui, j'en mange souvent. +

a) – Elle _____ ?
   – Oui, _____ + +

b) – Vous _____ ?
   – Oui, _____ (pl.) – +

c) – Ils _____ ?
   – Oui, _____ +

d) – Tu _____ ?
   – Oui, mais _____

3 先生が２枚のフラッシュカードを見せます．例にな (103)
らって対応する文を答えましょう．L'enseignant montre
deux *flashcards*. Dites la phrase correspondante.

Je bois du café, mais je ne bois pas de lait.

4 ペアになり，例にならって交代で質問しましょう． (104)
Avec votre voisin(e), posez-vous des questions.

Ex.1 : – Qui mange souvent du pain au petit
         déjeuner ? – C'est Max.

Ex. 2 : – Éva boit du café au petit déjeuner ?
         – Non, elle n'en boit jamais.

	Max	Éva
	+	+ +
	– –	–
	– +	+ +
	+	– +
	– +	+
	– –	
	+ +	– –

(105) **1** 会話を聞きましょう．*Écoutez ce dialogue.*

2 2人で会話を読んでみましょう．*À deux. Lisez ce dialogue.*

Daisuke au marché

🔊 オルレアンに戻ると，ジャンヌと大介はよく会うようになった．今日は町中の，ジャンヌ・ダルク通りに近いレピュブリック広場に立つ市場に来ている．*De retour à Orléans, Jeanne et Daisuke se rencontrent souvent. Aujourd'hui, ils sont au marché, place de la République, tout près de la rue Jeanne d'Arc, dans le centre-ville.*

Daisuke: Tu vas souvent au marché ?

Jeanne: Oui, j'achète toujours les légumes et les fruits au marché.

Daisuke: Et le poisson ?

Jeanne: J'achète le poisson au marché aussi. Mais je n'en mange pas souvent.

Daisuke: Et la viande ?

Jeanne: J'en mange rarement. Et toi ?

Daisuke: En France, je ne cuisine jamais. Mais je vais parfois au supermarché avec Carine et Philippe.

Jeanne: Ils cuisinent bien ?

Daisuke: Oui. J'aime beaucoup le riz. Alors, on en mange souvent.

Jeanne: Est-ce que tu prends du riz au petit déjeuner ?

Daisuke: Au Japon, oui. Mais en France, je mange du pain et je bois du café.

Jeanne: Moi, je bois du lait. Et je prends toujours des fruits.

Daisuke: Jeanne, qu'est-ce que tu préfères dans la cuisine française ?

Jeanne: Le fromage. J'adore ça ! C'est délicieux !

新鮮な野菜が並んだ市場

🔊 ジャンヌが1つの台の前で立ち止まる．*Jeanne s'est arrêtée devant un étal.*

Jeanne: Daisuke, combien coûtent ces tomates ?

Daisuke: Elles coûtent 3 euros le kilo.

Jeanne: Et ces bananes, c'est combien ?

Daisuke: C'est 2 euros 50 le kilo.

Jeanne: Ce n'est pas cher.

Jeanne: （店の人に向かって）Bonjour monsieur. 500 (cinq-cents) grammes de tomates et un kilo de bananes, s'il vous plaît.

Le vendeur: Voilà, madame.

Jeanne: Combien ça coûte ?

Le vendeur: 1 euro 50 et 2 euros 50... Ça fait 4 euros, s'il vous plaît.

Jeanne: Voilà. Merci. Au revoir.

Le vendeur: Merci messieurs-dames*. Bonne journée.

*messieurs-dames：男女それぞれ1人以上を含むグループに話しかける際の呼称．

(105) **1** 会話を聞いて表の空欄をうめましょう。Réécoutez le dialogue et complétez le tableau suivant.

	Daisuke		Jeanne
	Au Japon	**En France**	
Au petit déjeuner	Il prend _____.	Il mange _____. Il boit _____.	Elle mange _____. Elle boit _____.

2 次の質問の答をフランス語の文で書きましょう。Répondez à ces questions à l'écrit par une phrase complète.

a) Jeanne mange-t-elle rarement de la viande ?

→ _____

b) En France, Daisuke mange-t-il souvent du riz ?

→ _____

c) Est-ce que Daisuke cuisine souvent en France ?

→ _____

d) Un kilo de bananes, combien ça coûte ?

→ _____

(105) **3** 会話を聞いてシャドーイングしましょう。Écoutez et répétez le dialogue en faisant du *shadowing*.

4 発音やイントネーションをできるだけ上手に再現しながら，2人で会話してみましょう。
À deux. Jouez le dialogue en essayant de reproduire au mieux la prononciation et l'intonation, et de lire le moins possible.

À VOUS !

5 ペアになり，例にならって，客と店の人の役を交代で演じて市場で買い物をしてみましょう。値段は絵の下に表示されています。食品と貨幣のカード（115～118ページ）を切り取って使用してください。À deux. Sur le modèle suivant, vous faites vos courses au marché en vous référant aux prix indiqués sous les images. Invertissez les rôles. NB : Découpez et utilisez vos cartes « aliments » et vos cartes « monnaie » des pages 115-118.

Le client: Bonjour monsieur (madame). _____ et _____, s'il vous plaît.	7€50 le kilo 3€50 le kilo
Le vendeur: Voilà, monsieur (madame). （食品のカードで商品を渡しながら）	2€50 la part 13€ le kilo
Le client: Combien ça coûte ?	
Le vendeur: _____ et _____ … Ça fait _____ , s'il vous plaît.	3€ le kilo 11€70 le kilo
Le client: Voilà.（貨幣のカードで支払いをして） Merci. Au revoir.	3€ le kilo 2€ les 6
Le vendeur: Merci monsieur (madame). Bonne journée.	5€ la bouteille 2€ la bouteille

6 ペアになり，次の食品の絵を参考にして，お互いに朝食に食べるものとその頻度を尋ねます。そしてペアの相手の朝食についてクラスで紹介しましょう。À deux. En vous aidant de ces images, demandez à votre voisin(e) ce qu'il (elle) prend au petit déjeuner et avec quelle fréquence. Ensuite, intervertissez les rôles. Enfin, présentez le menu de votre voisin(e) à la classe.

Ex. : – Au petit déjeuner, est-ce que tu manges souvent du riz ? – Oui, j'en mange souvent.

– Est-ce que tu bois du café ? – Non, je n'en bois jamais. Je bois toujours du thé.

Je m'amuse !

遊びます.

|

聞いて発音を練習しましょう. 次に 2 人で会話してみましょう. Écoutez, répétez, puis jouez ces dialogues avec votre voisin(e).

(106) **1** 習慣について話す Parler de ses habitudes quotidiennes

> En général, vous vous levez à quelle heure ?

> Je me lève à sept heures et demie.

(107) **2** 日常の活動について話す
Parler de ses activités quotidiennes

> En général, qu'est-ce que tu fais le dimanche ?

> Je lis le journal, j'écris des emails et je me repose.

GRAMMAIRE

1 代名動詞 (108)

主語と同じ人やものを示す代名詞 se（再帰代名詞）をともなう動詞. 再帰代名詞は主語によって変化する.

se **lever** （起きる）			
je	me lève	nous	nous levons
tu	te lèves	vous	vous levez
il / elle	se lève	ils / elles	se lèvent

• me, te, se は母音字または無音の h で始まる語の前では, m', t', s' となる.

Il se couche à 21 heures.

Je ne me repose pas le dimanche.

2 不規則動詞 faire, écrire, dormir, lire (109)

faire （する）				
je	fais	nous	faisons	Je fais la cuisine.
tu	fais	vous	faites	Il fait du tennis.
il / elle	fait	ils / elles	font	Elle fait de la natation.

écrire （書く）				
j'	écris	nous	écrivons	J'écris des emails.
tu	écris	vous	écrivez	Elle écrit un roman.
il / elle	écrit	ils / elles	écrivent	Il écrit à ses parents.

dormir （眠る）				
je	dors	nous	dormons	Je dors dans un lit.
tu	dors	vous	dormez	Vous dormez à l'hôtel.
il / elle	dort	ils / elles	dorment	Paul dort beaucoup.

lire （読む）				
je	lis	nous	lisons	Je lis le journal.
tu	lis	vous	lisez	Éva lit un livre.
il / elle	lit	ils / elles	lisent	Ils lisent dans le train.

---

(110) 数 （100 ～ 999 999） Les nombres

表を完成させましょう. Complétez le tableau.

100	200	300	400	500	600	700	800	900	1 000
cent	deux-cents					sept-cents			mille

• 100 から 999 999 までの数は, すでに学んだ数から作る：107 (cent-sept), 223 (deux-cent-vingt-trois), 1 180 (mille-cent-quatre-vingts), 270 000 (deux-cent-soixante-dix-mille), etc.

(111) 単語を聞いて発音を練習し，覚えましょう．Écoutez, répétez et mémorisez ces mots.

動詞 Activités quotidiennes

se lever   se coucher   se reposer   se promener   se brosser les dents   se laver

faire la cuisine   faire le ménage   faire les courses   regarder la télé   écouter de la musique   dormir   lire le journal   écrire des emails

1 例にならって文を作りましょう．
Écrivez des phrases.

Ex.1 : → Je me promène.

Ex.2 : → Je ne me lave pas.

a) → Je _____

b) → Tu _____

c) → Il _____

d) → Nous _____

e) → Vous _____

f) → Elles _____

2 例にならって文を作りましょう．
Écrivez des phrases.

Ex. : – Vous faites la cuisine ?
– Non, je fais le ménage.

a) – Tu _____ ?
– _____

b) – Elle _____ ?
– _____

c) – Vous _____ ? (s.)
– _____

d) – Vous _____ ? (pl.)
– _____

3 ペアになり「大介の一日」の絵（114ページ）を (112) 見て，例にならい交代で質問し答えましょう．Avec votre voisin(e), regardez le dessin « La journée de Daisuke » (p.114) et posez-vous des questions.

Ex.1 : – Daisuke se lève à quelle heure ?
– Il se lève à sept heures.

Ex. 2 : – Qu'est-ce que Daisuke fait à midi ?
– Il déjeune avec des amis.

4 ペアになり，例にならって交代で質問しましょう． (113)
Avec votre voisin(e), posez-vous des questions.

Ex.1 : – Max, qu'est-ce qu'il fait le matin ?
– Il lit le journal et il fait les courses.

Ex. 2 : – Est-ce qu'Éva fait les courses le matin ?
– Non, elle ne fait pas les courses.

	Max		Éva	
Matin				
Après-midi				
Soir				

5 a) ペアになり，相手に日曜日の習慣について尋ねます．起床・就寝の時刻と午前・午後・夜にいつも何をしているかを聞きましょう．Demandez à votre voisin(e) ce qu'il (elle) fait en général le dimanche, ainsi que l'heure à laquelle il (elle) se lève et se couche.

b) 例にならって，ペアの相手の習慣をクラスで紹介しましょう．Présentez votre camarade à la classe.

Ex. : Le dimanche matin, il (elle) se lève à 9 heures. Il (elle) fait les courses. Le dimanche après-midi, il (elle) se repose, etc.

1 会話を聞きましょう. *Écoutez ce dialogue.*

2 2人で会話を読んでみましょう. *À deux. Lisez ce dialogue.*

Daisuke au bord de la Loire

💬 市場を後にしたジャンヌと大介はロワール川の川縁で一休みする. 2人は日なたでアイスクリームを食べている.
Après le marché, Jeanne et Daisuke se reposent au bord de la Loire. Ils mangent une glace au soleil.

ロワール川とオルレアン旧市街

Daisuke: Il fait beau aujourd'hui !

Jeanne: Oui, et il fait doux. C'est agréable.

Daisuke: La Loire est jolie.

Jeanne: Oui. Quand je regarde la Loire, je pense à la Meuse.

Daisuke: La Meuse ? Qu'est-ce que c'est ?

Jeanne: C'est un fleuve dans ma région natale, la Lorraine. Il passe à côté de mon village, Domremy.

Daisuke: Quand tu es chez tes parents, à Domremy, qu'est-ce que tu fais ?

Jeanne: Je me lève à 7h00. Je prends mon petit déjeuner. Ensuite, j'aide mes parents.

Daisuke: Comment ?

Jeanne: Je fais la cuisine. Parfois, je fais les courses avec ma mère.

Daisuke: Est-ce que tes parents travaillent ?

Jeanne: Oui. Ils ont une ferme avec des animaux.

Daisuke: Ah bon ! Tu t'occupes des animaux ?

Jeanne: Oui. J'ai un cheval aussi. Alors, je me promène souvent à la campagne.

Daisuke: Super !

Jeanne: Je vais à la Meuse et je me repose à côté de l'eau.

Daisuke: En automne et en hiver, il pleut, il neige, il fait froid... Qu'est-ce que tu fais ?

Jeanne: J'écoute de la musique, je regarde la télé...

Daisuke: Parfois, est-ce que tu t'ennuies à la campagne ?

Jeanne: Non, je m'amuse beaucoup. J'ai beaucoup d'amis et il y a ma famille...

Daisuke: Tu as des frères et sœurs ?

Jeanne: Oui, j'en ai 4 : 3 frères et 1 sœur.

Daisuke: Tu te couches à quelle heure ?

Jeanne: En général, je me couche à 21h00 ou 21h30.

Daisuke: Jeanne, on va en Lorraine ensemble ?

Jeanne: D'accord ! En juin, tu viens avec moi chez mes parents ?

Daisuke: Avec plaisir !

(114) **1** 会話を聞いて空欄をうめましょう．Réécoutez le dialogue et complétez les phrases suivantes.

a) Le fleuve qui passe à Orléans s'appelle _____ .

b) Le fleuve qui passe en Lorraine s'appelle _____ .

c) Le village de Jeanne s'appelle _____ .

d) Jeanne a un animal. C'est _____ .

2 次の質問の答をフランス語の文で書きましょう．Répondez à ces questions à l'écrit par une phrase complète.

a) Quel temps fait-il à Orléans aujourd'hui ?

→ _____

b) À quelle heure Jeanne se lève quand elle est à Domremy ?

→ _____

c) L'hiver, qu'est-ce que Jeanne fait à Domremy ?

→ _____

d) M. et Mme Bars – les parents de Jeanne – ont combien d'enfants ?

→ _____

(114) **3** 会話を聞いてシャドーイングしましょう．Écoutez et répétez le dialogue en faisant du *shadowing*.

4 発音やイントネーションをできるだけ上手に再現しながら，2人で会話してみましょう．
À deux. Jouez le dialogue en essayant de reproduire au mieux la prononciation et l'intonation, et de lire le moins possible.

À VOUS !

5 ペアになり，次の絵を参考にして，お互いに各曜日にすることや，それぞれの活動をいつするかを尋ねて，メモしましょう．そしてペアの相手の習慣をクラスで紹介しましょう．À deux. En vous aidant de ces images, demandez à votre voisin(e) ce qu'il (elle) fait à tel moment de la semaine ou bien quand il (elle) fait telle activité. Notez les informations. Ensuite, intervertissez les rôles. Enfin, indiquez les habitudes / activités quotidiennes de votre voisin(e) à la classe.

Ex.1 : – En général, qu'est-ce que tu fais le jeudi soir ?   – Le jeudi soir, je regarde la télé.
Ex.2 : – Quand est-ce que tu fais le ménage ?   – Je fais le ménage le lundi matin.

	Lundi	Mardi	Mercredi	Jeudi	Vendredi
Matin					
Après-midi					
Soir					

J'ai fait les courses.
買物をしました.

MINI-DIALOGUES

聞いて発音を練習しましょう. 次に2人で会話してみましょう. Écoutez, répétez, puis jouez ces dialogues avec votre voisin(e).

(115) **1** 過去のことを話す (1)
Parler d'un événement passé (1)

> Qu'est-ce que tu as fait hier soir ?

> D'abord j'ai regardé la télé, et ensuite j'ai dormi.

(116) **2** いつのことだったかを言う
Situer un événement dans le passé

> Quand est-ce que vous avez travaillé en Chine ?

> J'y ai travaillé il y a deux ans.

GRAMMAIRE

1 過去分詞 (117)

a) -er で終わる動詞 -er → -é
regarder → regardé   aller → allé

b) -ir で終わる動詞の大部分 -ir → -i
finir → fini   dormir → dormi

c) その他
avoir → eu   être → été   faire → fait
prendre → pris   lire → lu   écrire → écrit
boire → bu   venir → venu   voir → vu

2 直説法複合過去 (1) : (118)
助動詞 avoir の現在形＋過去分詞

manger					
j'	ai	mangé	nous	avons	mangé
tu	as	mangé	vous	avez	mangé
il / elle	a	mangé	ils / elles	ont	mangé

表を完成させましょう. Complétez le tableau suivant.

faire の複合過去否定形	
je	nous
tu	vous
il / elle	ils / elles

• 否定形：ne(n') ＋助動詞 avoir の現在形＋ pas ＋過去分詞
Je n'ai pas mangé.

a) 過去の行為や出来事を述べるのに用いる. 英語の過去形.
「～した」
– Vous **avez dîné** où ?
– Nous **avons dîné** à l'hôtel.

b) 過去の経験を述べるのに用いる. 英語の現在完了.
「～したことがある」
– Tu **as déjà travaillé** ?
– Non, je n'**ai** jamais **travaillé**.

(119) **過去の時を表す表現** Expression du temps passé
表を完成させましょう. Complétez le tableau.

aujourd'hui (今日)　　cette semaine (今週)　　　　ce mois-ci (今月)　　cette année (今年)

hier (昨日)　　la semaine dernière (先週)　　le mois dernier (先月)　_____

avant-hier (一昨日)　　il y a deux semaines (2週間前)　_____　　il y a deux ans (2年前)

il y a trois jours (3日前)　_____　_____　il y a trois ans (3年前)

1 例にならって文を作りましょう.

Écrivez des phrases.

 (– 1 an)

Ex. : J'ai étudié en France l'année dernière.

 (– 3 ans)

a) Elle _____

 (– 2 jours)

b) J' _____

 (– 1 semaine)

c) Il _____

 (– 1 mois)

d) Nous _____

 (– 3 mois)

e) Elle _____

2 例にならって文を作りましょう.

Écrivez des phrases.

Ex. : – Vous avez fait la cuisine ?

– Non, j'ai fait le ménage.

a) – Il _____ ?

– _____

b) – Tu _____ ?

– _____

c) – Elle _____ ?

– _____

d) – Vous _____ ? (s.)

– _____

3 先生が動詞のフラッシュカードを2枚見せます. 例 (120) にならって対応する文を答えましょう. L'enseignant montre deux *flashcards* « verbes ». Dites la phrase correspondante.

D'abord j'ai étudié, et ensuite j'ai fait la cuisine.

4 ペアになり, 例にならって交代で質問しましょう. (121)

Avec votre voisin(e), posez-vous des questions.

Ex.1 : – Max, qu'est-ce qu'il a fait hier matin ?

– Il a lu le journal et il a fait les courses.

Ex.2 : – Éva a fait les courses hier soir ?

– Non, elle n'a pas fait les courses.

	Max	Éva
Matin		
Après-midi		
Soir		

5 ペアになり, 相手に次のようなことをしたかどうか尋ねます. したと答えた場合は, いつ, どこでしたか尋ねましょう. Demandez à votre voisin(e) s'il (si elle) a fait les activités suivantes. Si oui, demandez-lui quand et où.

	Oui / Non	Quand ?	Où ?

(122) **1** 会話を聞きましょう．*Écoutez ce dialogue.*

2 2人（1人2役）で会話を読んでみましょう．*À deux (chaque étudiant fait 2 personnages). Lisez ce dialogue.*

Le week-end de Daisuke

🔊 ジャンヌ，マリア，ルイジ，大介は学食で昼食をとりながら，週末にしたことを話している．
Jeanne, María, Luigi et Daisuke déjeunent ensemble au restaurant universitaire. Ils se racontent leur week-end.

María: Qu'est-ce que vous avez fait ce week-end ?

Daisuke: Samedi matin, Jeanne et moi, nous avons acheté des fruits et des légumes au marché.

Jeanne: Ensuite, nous avons mangé une glace à côté de la Loire. C'était* agréable.

Luigi: Est-ce que vous avez dîné au restaurant samedi soir ?

Daisuke: Non. Moi, j'ai dîné chez moi et j'ai écrit des emails.

Jeanne: Et moi, j'ai dîné chez une amie. Nous avons étudié pour un examen. C'était* difficile !

ジャンヌ・ダルクの家

Daisuke: Et vous, qu'est-ce que vous avez fait samedi ?

Luigi: L'après-midi, María et moi, nous avons visité le musée de Jeanne d'Arc.

María: C'était* intéressant.

Jeanne: J'ai visité ce musée il y a 3 mois. J'ai adoré !

Daisuke: Moi, je n'ai jamais visité ce musée.

Jeanne: Et dimanche, qu'est-ce que tu as fait, Daisuke ?

Daisuke: Le matin, j'ai dormi. Ensuite, j'ai fait le ménage dans ma chambre. C'était* fatigant. L'après-midi, j'ai fait mes devoirs, j'ai regardé un DVD et j'ai lu un roman.

María: Et toi, Jeanne ?

Jeanne: Moi, dimanche matin, j'ai écouté la messe à la cathédrale Sainte-Croix.

María: Ah bon ! C'était* comment ?

Jeanne: C'était* bien.

María: Est-ce que tu vas souvent à la messe ?

Jeanne: Je vais toujours à la messe le dimanche. Et toi ?

María: Euh... J'y vais rarement.

Luigi: Moi, dimanche, j'ai rencontré des amis italiens. Il y a 2 semaines, ils ont voyagé à Paris. Alors, nous avons regardé leurs photos. Le soir, nous avons cuisiné un repas italien à la cité universitaire. C'était* amusant.

*être の直説法半過去形，13 課の Grammaire 1 を参照．

サント・クロワ大聖堂

(122) **1** 会話を聞いて表をうめましょう．Réécoutez le dialogue et complétez le tableau suivant.

Ce week-end, qui a...		Quand ?	C'était comment ?
Ex. mangé une glace	→ C'est Jeanne et Daisuke.	Samedi matin.	C'était agréable.
a) visité le musée de Jeanne d'Arc ?	→		
b) étudié chez une amie ?	→		
c) fait le ménage ?	→		
d) écouté la messe ?	→		
e) cuisiné un repas italien ?	→		

2 次の質問の答をフランス語の文で書きましょう．Répondez à ces questions à l'écrit par une phrase complète.

a) Où Jeanne et Daisuke ont-ils mangé une glace ?

→ _____

b) Quand Jeanne a-t-elle visité le musée de Jeanne d'Arc ?

→ _____

c) Est-ce que Daisuke a déjà visité le musée de Jeanne d'Arc ?

→ _____

d) Qu'est-ce que Luigi a fait dimanche ?

→ _____

(122) **3** 会話を聞いてシャドーイングしましょう．Écoutez et répétez le dialogue en faisant du *shadowing*.

4 発音やイントネーションをできるだけ上手に再現しながら，2人で会話してみましょう．
À deux. Jouez le dialogue en essayant de reproduire au mieux la prononciation et l'intonation, et de lire le moins possible.

5 盗まれたモナリザ あなたの町の美術館で特別に展示されたモナリザが，この週末に盗まれました．捜査の過程で，あなたは刑事に質問されることになりました．64ページの会話と99ページの疑問文の表を参考にして，2人でこの場面を演じ，協力して会話を書きましょう．

On a volé *La Joconde !* Le célèbre tableau était exceptionnellement exposé dans un musée de votre ville. Il a été volé ce week-end. Dans le cadre de l'enquête, vous êtes interrogé(e) par un(e) inspecteur(trice). Vous jouez votre propre rôle et votre voisin(e), l'inspecteur(trice). Écrivez cet interrogatoire à deux mains en vous aidant du dialogue de la page 64 et du récapitulatif de la forme interrogative de la page 99.

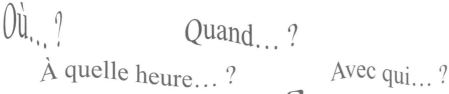

Où... ?   Quand... ?

À quelle heure... ?   Avec qui... ?

...?

豆知識：モナリザは1911年に実際にルーヴル美術館で盗まれたことがあり，その後2年間行方がわからなかった．
Anecdote : Le tableau *La Joconde* a effectivement été volé une fois au Louvre. C'était en 1911. Il est resté introuvable pendant 2 ans.

Je suis allé à la mer !

海に行きました.

聞いて発音を練習しましょう. 次に2人で会話してみましょう. Écoutez, répétez, puis jouez ces dialogues avec votre voisin(e).

(123) **1** 過去のことを話す (2) Parler d'un événement passé (2)

Qu'est-ce que vous avez fait ce week-end ?

Moi, je suis allée à la mer.

Et moi, je me suis reposé.

(124) **2** 期間を言う Exprimer une durée

Combien de temps est-ce que vous êtes allé en Chine ?

J'y suis resté pendant un an.

1 直説法複合過去 (2) :
助動詞 être の現在形＋過去分詞

(125)

a) 移動や状態変化を表す自動詞の場合

aller					
je	suis	allé(e)	nous	sommes	allé(e)s
tu	es	allé(e)	vous	êtes	allé(e)(s)
il	est	allé	ils	sont	allés
elle	est	allée	elles	sont	allées

• 過去分詞は主語の性・数に一致する.
• 助動詞に être をとるのは，次のような動詞.
aller（行く） venir（来る） partir（出発する） arriver（到着する） entrer（入る） sortir（出る） monter（上る） descendre（降りる） rentrer（戻る） tomber（倒れる） rester（残る） devenir（〜になる） naître (né)（生まれる） mourir (mort)（死ぬ）

b) 代名動詞の場合

se lever					
je	**me** suis	levé(e)	nous	**nous** sommes	levé(e)s
tu	**t'** es	levé(e)	vous	**vous** êtes	levé(e)(s)
il	**s'** est	levé	ils	**se** sont	levés
elle	**s'** est	levée	elles	**se** sont	levées

• 過去分詞は主語の性・数に一致する.

表を完成させましょう. Complétez le tableau suivant.

se reposer の複合過去否定形	
je	**ne** me suis **pas** reposé(e)
tu	
il	
elle	
nous	
vous	
ils	
elles	

(126) 継続の表現 Expression de la durée

pendant...（〜の間） J'ai travaillé en France **pendant** deux ans. / Il a étudié **pendant** cinq heures.
depuis... （〜前から） J'étudie le français **depuis** 6 mois. / Elle fait de la natation **depuis** le mois dernier.
jusqu'à... （〜まで） J'ai dormi **jusqu'à** midi. / Elle est restée en France **jusqu'à** hier.
de... à... （〜から〜まで）En général, je me repose **de** midi **à** 13 heures. / Il travaille **du** lundi **au** vendredi.

1 例にならって文を作りましょう.
Écrivez des phrases.

Ex. : Je suis allée à la gare en bus. (f.)

a) Elle _____

b) Je _____ (m.)

c) Il _____

d) Nous _____ (f.)

e) Tu _____ (m.)

2 例にならって文を作りましょう.
Écrivez des phrases.

Ex.1 : → Je me suis promenée. (f.)

Ex.2 : → Je ne me suis pas lavé. (m.)

a) → Je _____ (f.)

b) → Tu _____ (m.)

c) → Il _____

d) → Nous _____ (f.)

e) → Vous _____ (m.s.)

f) → Elles _____

3 今日は9月26日です. マルクの予定表を見て次の質問に答えましょう. Nous sommes le 26 septembre. Regardez l'emploi du temps de Marc et répondez aux questions suivantes.

Septembre

lun	mar	mer	jeu	ven	sam	dim
1	2	3	4	5	6	7
8	9	10	11	12	13	14
15	16	17	18	19	20	21
22	23	24	25	26	27	28

a) Qu'est-ce que Marc a fait le week-end dernier ?

_____

b) Combien de temps est-il resté à la montagne ?

_____

c) Qu'est-ce qu'il a fait du lundi 15 au vendredi 19 ?

_____

d) Jusqu'à quand a-t-il travaillé ?

_____

e) Depuis quand va-t-il à l'université ?

_____

4 ペアになり,「大介の一日」の絵（114ページ）を見て, 例にならって交代で質問しましょう. Avec votre voisin(e), regardez le dessin « La journée de Daisuke » (p.114) et posez-vous des questions. (127)

Ex.1 : – À quelle heure est-ce qu'il s'est levé ?
        – Il s'est levé à sept heures.

Ex.2 : – Qu'est-ce qu'il a fait à treize heures ?
        – Il a pris un cours de français.

5 ペアになり, 相手に昨日次のような活動をしたかどうか尋ねます. したと答えた場合は, かかった時間を聞きましょう. Demandez à votre voisin(e) s'il (si elle) a fait les activités suivantes hier. Si oui, demandez-lui pendant combien de temps.

	Oui / Non	Combien de temps ?

1 会話を聞きましょう． *Écoutez ce dialogue.*

2 2人で会話を読んでみましょう． *À deux. Lisez ce dialogue.*

Voyage de Daisuke à Rouen

🗫 リュシアンとリラは2週間の春休みを過ごした． 大介も大学が1週間休みだった． 休暇の終わりに家に皆がそろった． *Lucien et Lilah ont eu 2 semaines de vacances de printemps ; Daisuke, à l'université, a eu une semaine. Tout le monde se retrouve à la maison à la fin des vacances.*

Daisuke: Lilah, qu'est-ce que tu as fait pendant les vacances ?

Lilah: Je suis allée chez mes grands-parents à la campagne.

Daisuke: Combien de temps est-ce que tu es allée chez eux ?

Lilah: J'y suis restée pendant 10 jours.

Daisuke: C'était comment ?

Lilah: C'était super !

Daisuke: Qu'est-ce que tu as fait à la campagne ?

Lilah: Je me suis promenée avec mes grands-parents. Nous sommes allés au zoo. Nous avons mangé une glace et une crêpe.

Daisuke: Est-ce que tu as rencontré tes cousins ?

Lilah: Oui. Nous nous sommes bien amusés. À l'anniversaire de ma cousine, nous avons chanté et nous avons dansé.

Daisuke: Est-ce que tu t'es reposée ?

Lilah: Oui, je me suis bien reposée. Mais ce matin, je me suis levée à 7h00. Nous sommes rentrées en voiture avec Maman. C'était fatigant !

Daisuke: Quand est-ce que vous êtes arrivées à la maison ?

Lilah: Nous sommes rentrées il y a 2 heures. Et toi ?

Daisuke: Moi, je suis rentré hier.

Lilah: Qu'est-ce que tu as fait pendant les vacances ?

Daisuke: Je suis allé à Rouen.

Lilah: Combien de jours est-ce que tu es allé à Rouen ?

Daisuke: J'y suis resté pendant trois jours, de mercredi jusqu'à hier.

Lilah: Est-ce que tu as voyagé seul ?

Daisuke: Non, j'ai voyagé avec Jeanne.

Lilah: Vous y êtes allés en train ?

Daisuke: Non, nous y sommes allés en bus.

Lilah: Est-ce que Jeanne a aimé Rouen ?

Daisuke: Non, elle n'a pas beaucoup aimé cette ville...

ルーアンの大聖堂

128 **1** 会話を聞いて，会話の内容に一致している文を選びましょう．Réécoutez le dialogue et choisissez les bonnes assertions (une sur deux est correcte).

1.	a.	Lilah est allée à la mer.
	b.	Lilah est restée dix jours en vacances.

2.	a.	Dans le dialogue, c'est lundi.
	b.	Dans le dialogue, c'est samedi.

3.	a.	Lilah est rentrée il y a deux heures.
	b.	Lilah est rentrée à 7 heures.

4.	a.	Daisuke n'est pas allé à Rouen en avion.
	b.	Daisuke n'a pas voyagé en bus.

2 次の質問の答をフランス語の文で書きましょう．Répondez à ces questions à l'écrit par une phrase complète.

a) Avec qui Lilah est-elle allée au zoo ?

→ _____

b) Qu'est-ce que Lilah a fait à l'anniversaire de sa cousine ?

→ _____

c) Combien de temps Jeanne et Daisuke sont-ils allés à Rouen ?

→ _____

d) Est-ce que Jeanne a aimé Rouen ?

→ _____

128 **3** 会話を聞いてシャドーイングしましょう．Écoutez et répétez le dialogue en faisant du *shadowing*.

4 発音やイントネーションをできるだけ上手に再現しながら，2人で会話してみましょう．
À deux. Jouez le dialogue en essayant de reproduire au mieux la prononciation et l'intonation, et de lire le moins possible.

À VOUS !

5 1人のフランス人が日本人学生の休暇について研究するために来日しました．ペアになり，次の質問表を使ってフランス人とあなたの役を交代で演じましょう．アンケートに答える時は，想像した休暇も含めて，どの休暇について話しても構いません．最後に，ペアの相手の休暇についてクラスで紹介しましょう．À deux. Un(e) Français(e) est au Japon pour faire une étude sur les vacances des étudiants japonais. À l'aide du questionnaire suivant, jouez la scène. NB : Vous pouvez parler de n'importe quelles vacances passées et/ou vous pouvez aussi imaginer. Enfin, présentez les vacances de votre voisin(e) à la classe.

Où avez-vous voyagé ?

J'ai voyagé...

1. Où avez-vous voyagé ? _____
2. Comment vous y êtes allé(e) : en train, en bus... ? _____
3. Combien de temps vous y êtes resté(e) ? _____
4. Est-ce que vous avez voyagé seul(e) ? _____
5. C'était comment ? _____
6. Qu'est-ce que vous avez visité ? _____
7. Qui avez-vous rencontré ? _____
8. Qu'est-ce que vous avez mangé ? _____

注：自分たちで質問を補って，質問表の項目を増やすこともできます．

NB : Vous pouvez continuer ce questionnaire en posant vos propres questions.

J'habitais à Nagano.
長野に住んでいました.

MINI-DIALOGUES

聞いて発音を練習しましょう. 次に 2 人で会話してみましょう. Écoutez, répétez, puis jouez ces dialogues avec votre voisin(e).

(129) **1** 過去の習慣について話す
Parler de ses habitudes passées

Quand vous étiez enfant, vous habitiez où ?

J'habitais à Paris.

(130) **2** 変化を表す Exprimer un changement

Vous lisez souvent le journal ?

Avant, je le lisais tous les jours, mais maintenant, je ne le lis plus*.

* ne... plus「もう～ない」

GRAMMAIRE

1 直説法半過去 (131)

habit**er**			
j'	habit**ais**	nous	habit**ions**
tu	habit**ais**	vous	habit**iez**
il / elle	habit**ait**	ils / elles	habit**aient**

- 語幹は直説法現在 nous の活用形の語幹と同じ.
  （例：nous habitons → nous habit-）
- 例外 être 語幹 ét → j'étais
- 語尾 (-ais,-ais,-ait,-ions,-iez,-aient) は全ての動詞に共通.

a) 過去のある時点において, 進行中の状態を表すのに用いる.「～していた」「～だった」
  Quand il est venu chez moi, je **dormais**.

b) 過去の習慣を述べるのに用いる.「～していた」「～したものだ」
  Quand j'**étais** lycéen, je **faisais** du baseball.

2 人称代名詞　直接目的語・間接目的語 (132)

主語	直接目的語	間接目的語
je	me (m')	
tu	te (t')	
il	le (l')	lui
elle	la (l')	
nous	nous	
vous	vous	
ils	les	leur
elles		

- me, te, le, la は母音字または無音の h で始まる語の前では, m', t', l' となる.
- 語順：主語＋(ne)＋目的語となる人称代名詞＋動詞＋(pas)

a) 直接目的語となる人称代名詞
  le, la, les は人・事物を表す直接目的語の名詞に代わる.
  – Tu lis **le journal** ? – Oui, je **le** lis souvent.
  – Il regarde **la télé** ? – Non, il ne **la** regarde pas.

b) 間接目的語となる人称代名詞
  lui, leur は à ＋人に代わる.
  – Elle **te** téléphone ? – Oui, elle **me** téléphone.
  – Il écrit **à ses parents** ? – Non, il ne **leur** écrit pas.

1 例にならって文を作りましょう.
Écrivez des phrases.

Ex. :　→ Je buvais du lait.

a) → J' _____

b) → Tu _____

c) → Il _____

d) → Nous _____

e) → Vous _____

f) → Elles _____

2 例にならって文を作りましょう.
Écrivez des phrases.

Ex. : – Vous prenez souvent l'avion ?
– Avant je le prenais souvent,
mais maintenant, je ne le prends plus.

a) – Elle _____ ?
– Avant _____,
mais maintenant, _____.

b) – Il _____ ?
– Avant _____,
mais maintenant, _____.

c) – Vous _____ (s.) ?
– Avant _____,
mais maintenant, _____.

d) – Elles _____ ?
– Avant _____,
mais maintenant, _____.

e) – Ils _____ ?
– Avant _____,
mais maintenant, _____.

3 あなたはリラの兄，リュシアンです．表を見て質問に答えましょう．（頻度の表現は9課参照）Vous êtes Lucien, le frère de Lilah. Répondez aux questions en regardant le tableau.

+	+ +	+ +
– –	– +	– +

Ex. :– Est-ce que Lilah te téléphone ?
– Oui, elle me téléphone souvent.

a) – Elle téléphone à ta mère ?
– _____.

b) – Elle écrit à tes parents ?
– _____.

c) – Elle t'écrit ?
– _____.

d) – Elle téléphone à ton père ?
– _____.

4 クラスの仲間2人に，小さいときに次のような活動 (133) をよくしていたかどうか尋ね，例にならって表をうめましょう．Demandez à deux camarades s'ils (si elles) faisaient souvent les activités suivantes quand ils (elles) étaient petit(e)s, puis complétez le tableau.

Ex. :– Quand tu étais petit(e), tu regardais la télé ? – Oui, je la regardais parfois.

Ex. :	Camarade 1	Camarade 2
– +		

1 会話を聞きましょう．Écoutez ce dialogue.

2 2人で会話を読んでみましょう．À deux. Lisez ce dialogue.

L'enfance de Daisuke

フィリップが料理を作っている．大介は手伝いながら，フィリップと話をしている．
Philippe est en train de cuisiner et Daisuke l'aide. Ils discutent en même temps.

Philippe: Daisuke, tu téléphones souvent à tes parents ?

Daisuke: Je leur téléphone rarement, mais je leur écris souvent des emails.

Philippe: Ils habitent à Kanazawa depuis toujours ?

Daisuke: Non, ils y habitent depuis 10 ans. Quand nous sommes arrivés à Kanazawa, j'avais 9 ans.

Philippe: Quand tu étais enfant, tu habitais où ?

Daisuke: J'habitais à Nagano. C'est à la montagne, entre Kanazawa et Tokyo.

Philippe: Est-ce que tu faisais du ski quand tu étais enfant ?

Daisuke: Oui, j'en faisais, mais maintenant, je n'en fais plus.

Philippe: Est-ce que tu faisais d'autres sports ?

Daisuke: Oui, j'aimais beaucoup le sport.
Au collège, je faisais du judo et de la natation. J'ai arrêté quand j'avais 15 ans.

Philippe: Et au lycée ?

Daisuke: Quand j'étais lycéen, je faisais du baseball. J'adorais ça !

Philippe: Tu n'en fais plus ?

Daisuke: Non. Maintenant, je suis dans le club de football de mon université.

Philippe: Ah bon ! Carine aussi faisait du football quand elle était jeune.
Et Lucien en fait depuis l'année dernière.

Daisuke: Et vous, Philippe, vous faisiez du sport avant ?

Philippe: Non, quand j'étais jeune, je détestais le sport. Je préférais la musique.

Daisuke: Vous jouiez d'un instrument ?

Philippe: Oui, je jouais de la guitare.

Daisuke: Pendant longtemps ?

Philippe: J'en ai joué pendant 10 ans, jusqu'à 25 ans.

Daisuke: Ce soir, il y a un match de football à la télé.

Philippe: On le regarde ensemble ?

Daisuke: D'accord !

(134) **1** 会話を聞いて，大介がしたことのあるスポーツに印をつけましょう.
Réécoutez le dialogue et cochez les sports que Daisuke a pratiqués dans sa vie.

handball ☐	football ☐	volleyball ☐	basketball ☐	tennis ☐
karaté ☐	ping-pong ☐	boxe ☐	baseball ☐	tir à l'arc ☐
judo ☐	rugby ☐	natation ☐	badminton ☐	ski ☐

2 次の質問の答をフランス語の文で書きましょう. Répondez à ces questions à l'écrit par une phrase complète.

a) Depuis quand la famille de Daisuke habite-t-elle à Kanazawa ?

→ _____

b) Au lycée, quel sport Daisuke faisait-il ?

→ _____

c) Quel sport Philippe faisait-il quand il était jeune ?

→ _____

d) De quel instrument de musique Philippe jouait-il ?

→ _____

e) À quel âge Philippe a-t-il commencé la guitare ?

→ _____

(134) **3** 会話を聞いてシャドーイングしましょう. Écoutez et répétez le dialogue en faisant du *shadowing*.

4 発音やイントネーションをできるだけ上手に再現しながら，2人で会話してみましょう.
À deux. Jouez le dialogue en essayant de reproduire au mieux la prononciation et l'intonation, et de lire le moins possible.

5 ペアになり，72 ページの会話でフィリップが大介にしている質問を参考にして，お互いに子供の頃のことを尋ねましょう. そしてペアの相手の子供時代についてクラスで紹介しましょう. 注：99 ページに疑問文の表があります. À deux. Sur le modèle du dialogue (p. 72), comme Philippe à Daisuke, posez des questions à votre voisin(e) pour savoir comment était son enfance. Ensuite, intervertissez les rôles. Enfin, présentez l'enfance de votre voisin(e) à la classe. NB : Vous pouvez vous aider du récapitulatif de la forme interrogative de la page 99.

参考表現 Aide-mémoire

• Quand tu étais écoli*er* (*ère*), ...	• habiter	• sport
• Quand tu étais collégien(ne), ...	• faire	• musique
• Quand tu étais lycéen(ne), ...	• aimer / détester / adorer / préférer	• voyage
• Etc.	• Etc.	• Etc.

Habitudes alimentaires
食習慣

DÉCOUVREZ !

まず，クイズに答えてみましょう．次に右のページの文章を読んで答を確かめてください.
Essayez tout d'abord de répondre à ce quiz. Dans un second temps, lisez le texte de la page de droite pour y vérifier vos réponses.

1 フランスの伝統的な朝食で食べるものはどれでしょう（複数回答）.
Choisissez parmi ces aliments ceux que l'on mange d'ordinaire au petit déjeuner en France.

1) パン
du pain

2) 卵
des œufs

3) ジャム
de la confiture

4) ハム
du jambon

2 フランスではチーズは普通いつ食べるでしょう.
En général, quand consomme-t-on du fromage en France ?

1) デザートの後
après le dessert

2) 前菜として
en entrée

3) 主菜の後
après le plat principal

4) おやつ
au goûter

3 フランスで食べる食材はどれでしょう（複数回答）.
Choisissez parmi ces aliments ceux que l'on consomme en France.

1) うさぎ
du lapin

2) カタツムリ
des escargots

3) 犬
du chien

4) 野生のシカ
du cerf

4 主に北フランスの料理の味付けに使われるものはどれでしょう（複数回答）.
Choisissez parmi ces aliments ceux que l'on consomme d'ordinaire plutôt dans le nord de la France.

1) オリーブ油
de l'huile d'olive

2) バター
du beurre

3) ニンニク
de l'ail

4) クリーム
de la crème

5 赤ワインの産地として有名なのはどこでしょう（複数回答）.
Choisissez parmi ces endroits ceux connus pour la production de vin rouge.

1) l'Alsace

2) la Bourgogne

3) Bordeaux

4) la Champagne

6 次の料理は右のページの写真のどれか，そしてそれぞれどの地方の郷土料理か線で結びましょう.
Reliez les plats suivants à leur photo (p.75) puis à leur région d'origine.

Plats	Photos	Région
1) la bouillabaisse ●	● a) ●	● la Bretagne
2) la choucroute ●	● b) ●	● le Languedoc
3) la galette ●	● c) ●	● l'Alsace
4) le cassoulet ●	● d) ●	● la Provence

　食事はフランス人にとっては，食の楽しみであると同時に，ともに食卓を囲む人々と交流する大切な場でもあります．朝食は伝統的には，コーヒー等の飲み物とバターやジャムを塗ったフランスパンだけですが，昼食と夕食は前菜（スープ，サラダ等）→主菜（肉や魚の野菜添え）→チーズ→デザートにパンと飲み物（ワインか水）が基本です．忙しい現代では，昼食は家族がばらばらに外食することが多くなりましたが，夕食には家族そろって食卓につき一日の出来事を語り合う習慣があります．さらに，週末やバカンス，クリスマス等の祭日には，離れて暮らす祖父母の家を訪ねたり，友人を招いたりして，のんびりとおしゃべりしながら時間をかけて手作りの料理を味わうのがフランス風の食事の楽しみ方です．

　さて，地形と気候が多様であるため，フランスは食材に恵まれています．牛，豚，羊，鶏，うさぎ，野生の鳥獣の肉，ソーセージ等の豚肉製品，スズキ，サケ，エビ，カキ等の魚貝類に食用のカタツムリ，400種類もあると言われるチーズ，豆，イモ，サラダ用の野菜や季節ごとの果物と，市場に行けばその豊かさを実感できるでしょう．肉料理は焼いたり煮込んだり，魚は蒸し煮やグラタン，ムニエルにしたりしますが，いずれも肉や魚のだし汁やルー（バターと小麦粉をいためたもの）を土台に香味野菜やクリーム，牛乳，ワイン等を加えて作るソースが重要です．またフランス料理の味付けの基本は塩とコショウで，砂糖は使いません．地域による違いとしては，北フランスの料理にはバターやクリーム，地中海沿いの南フランスの料理にはオリーブ油やニンニクが多く使われるという点が挙げられます．

　よく知られた郷土料理をいくつかご紹介しましょう．ブルターニュ地方のガレット（チーズや卵を載せて焼くそば粉のクレープ），アルザス地方のシュークルート（酸っぱいキャベツにソーセージ等を煮込んだ料理），ラングドック地方のカスレ（豚や鴨等を白インゲン豆と煮込んだシチュー），そしてプロヴァンス地方のブイヤベース（魚介類のサフラン入りスープ）等，フランスを旅行するときには，ぜひ本場の料理を味わってみてください．なお，料理の味を引き立てるワインにも地方色があります．ボルドー，ブルゴーニュ，ボージョレの赤やアルザスの白に加えて，主に食前酒として飲まれるシャンパン（シャンパーニュ地方原産の発泡性の白ワイン）もフランスを代表するワインです．

　ところで，フランスでは10月の第3週を味覚週間と定め，様々な行事を行っています．中でも小学生のための味覚レッスンでは，子供たちが，食材を味覚だけでなく，視覚，嗅覚，聴覚，触覚という五感を活用して味わうことや，甘みや酸味を自分がどの程度まで識別できるかなどを学び，それをことばで表現する練習をします．味わうことの深い体験に目覚めるためのレッスンですが，好みの違いを意識して，一緒に食卓を囲む他人の好みを尊重できるようになるための社会的な教育にもつながっています．ここにもフランスの食文化の豊かさが感じられるのではないでしょうか．

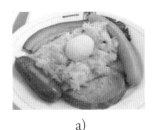

a)　　　　　　　　b)　　　　　　　　c)　　　　　　　　d)

1 次の会話を聞いて，買い物のリストをうめましょう．Écoutez le dialogue et complétez la liste de courses.

– Des tomates
–
–
–
–
–
–
–

2 以下はオリヴィエの一日の行動を説明した文です．正しい順番に並べかえましょう．Voici la journée d'Olivier dans le désordre. Mettez les phrases en ordre.

a) D'abord, il prend son petit déjeuner.

b) Il sort de chez lui à huit heures et quart.

c) Il prend son vélo, et il va à l'université.

d) Ensuite, il se brosse les dents.

e) À midi, il déjeune au restaurant.

f) Le matin, il se lève à sept heures et demie.

g) Il rentre chez lui vers sept heures.

h) De neuf heures à midi, il étudie.

i) L'après-midi, il fait du sport jusqu'à six heures.

j) Il se repose un peu et il cuisine.

k) Ensuite, il regarde la télé et se couche à minuit.

1	2	3	4	5	6	7	8	9	10	11

3 聞こえた数字を○で囲みましょう．
Entourez les chiffres que vous entendez.

151	503	442	350	652
	828	347	916	4723
512	2413	73	161	1017
478	294		59	999
82		1102	627	1088

4 次のメールを読んで質問に答えましょう．
Lisez cet email et répondez aux questions.

À... max.latour@hotmail.com

Cc...

Objet : Voyage à Madrid

Cher Max,
Comment vas-tu ? Moi, je vais très bien. Je suis à Madrid, chez Patricia, une amie espagnole. Je suis arrivée vendredi en avion et je rentre demain matin. Hier, il y avait de l'orage. L'après-midi, nous sommes restées à la maison, et le soir, nous sommes allées dans un petit restaurant. Nous avons mangé une paëlla. C'était délicieux ! Aujourd'hui, il a fait très beau. Ce matin, nous nous sommes promenées. C'était un peu fatigant, mais Madrid est une ville très jolie. Cet après-midi, nous avons visité le musée du Prado. C'était très intéressant. Ce soir, nous avons dîné chez Patricia. J'ai cuisiné de la viande avec des légumes.
À très bientôt,
Éva

a) À qui Éva écrit-elle cet email ?

b) Depuis quand est-elle à Madrid ?

c) Chez qui dort-elle ?

d) Comment est-elle allée à Madrid ?

e) Jusqu'à quand reste-t-elle à Madrid ?

f) Quel temps faisait-il hier ?

g) Qu'a-t-elle mangé hier soir ? C'était comment ?

h) Qu'a-t-elle fait ce matin ? C'était comment ?

i) Quel musée a-t-elle visité ? C'était comment ?

j) Où a-t-elle dîné ce soir ?

5 あなたは今フランスにいます．エヴァにならい，友達にフランス滞在の様子を知らせるメールを書きましょう．Vous êtes en France. À la manière d'Éva, écrivez un email à un(e) ami(e) pour lui raconter votre séjour.

6 「公園で」の絵（113 ページ）を見てください．あなたは絵の中の Thomas です．その日見たことを半過去形を使って書きましょう．Regardez le poster « Dans le parc » (p.113). Vous êtes Thomas. Décrivez à l'imparfait ce que vous y avez vu ce jour-là.

Ex. : Il faisait très beau. Il y avait une petite fille qui mangeait une glace. Elle portait...

Leçon 14　Je dois étudier.
勉強しなくてはいけません.

- 人を誘う，できること・しなければならないことを言う
  Inviter quelqu'un / exprimer la possibilité et l'obligation
- 目的を言う
  Exprimer le but
- 許可を求める・許可する・禁止する
  Demander la permission / exprimer la possibilité et l'interdiction

Leçon 15　J'irai à la mer.
海に行くでしょう.

- 未来の出来事について話す
  Parler d'événements futurs
- 条件・仮定を述べる(1)
  Exprimer une condition / une hypothèse (1)

Leçon 16　Je voudrais voyager.
できたら旅行したいです.

- 願望を述べる(1)
  Exprimer un souhait (1)
- 条件・仮定を述べる(2)
  Exprimer une condition / une hypothèse (2)
- 比較する
  Faire une comparaison

Je dois étudier.

勉強しなくてはいけません.

MINI-DIALOGUES

聞いて発音を練習しましょう. 次に2人で会話してみましょう. Écoutez, répétez, puis jouez ces dialogues avec votre voisin(e).

137 **1** 人を誘う, できること・しなければならないことを言う Inviter quelqu'un / exprimer la possibilité et l'obligation

Est-ce que tu veux dîner au restaurant ce soir ?

Non, je ne peux pas ; je dois étudier le coréen.

138 **2** 目的を言う Exprimer le but

Pourquoi est-ce que tu étudies le coréen ?

Pour pouvoir aller en Corée...

139 **3** 許可を求める・許可する・禁止する
Demander la permission / exprimer la possibilité et l'interdiction

Est-ce que je peux aller aux toilettes ?

Oui, allez-y ! Et vous, ne dormez pas !

GRAMMAIRE

1 不規則動詞 vouloir, pouvoir, devoir **140**

vouloir （英語の want）			
je	veux	nous	voulons
tu	veux	vous	voulez
il / elle	veut	ils / elles	veulent

pouvoir （英語の can / may）			
je	peux	nous	pouvons
tu	peux	vous	pouvez
il / elle	peut	ils / elles	peuvent

devoir （英語の must）			
je	dois	nous	devons
tu	dois	vous	devez
il / elle	doit	ils / elles	doivent

2 命令法 **141**

tu, nous, vous の直説法現在形から主語を除いて作る.

人称	étudier	dormir	se lever
(tu)	étudie	dors	lève-toi
(nous)	étudions	dormons	levons-nous
(vous)	étudiez	dormez	levez-vous

- tu に対する命令の場合, 活用形が -es で終わる動詞と vas (aller) は, 語尾に s をつけない.
  Tu étudies. → Étudie. / Tu vas. → Va.
- 例外：avoir (aie, ayons, ayez) / être (sois, soyons, soyez)
- nous に対する命令は提案を表す. 「～しましょう」
  Prenons le taxi !
- 代名動詞の場合, tu に対する肯定命令では toi を用いる.
  Tu te reposes. → Repose-toi.

表を完成させましょう. Complétez le tableau.

	se reposer	
	肯定形	否定形
(tu)		ne te repose pas
(nous)	reposons-nous	
(vous)		

- 否定形は ne(n') + 動詞 + pas. ne parle pas, etc.
  代名動詞については表の例を参照のこと.

142 **1** ペアになり，例にならって練習しましょう。
Sur le modèle suivant, entraînez-vous avec votre voisin(e).

Ex. :– Est-ce que tu veux aller à la mer
avec moi ?
– Non, je ne peux pas ; je dois étudier.

a)

b)

c)

2 ペアになり，練習１の例を参考にして，次の活動に相手を誘いましょう。誘われた人は断る理由を考えましょう。Sur le modèle précédent, invitez votre voisin(e) à faire les activités suivantes. Imaginez la raison de votre refus.

a) b) c)

143 **3** ペアになり，例にならって練習しましょう。
Sur le modèle suivant, entraînez-vous avec votre voisin(e).

Ex. :– Pourquoi tu prends le bus ?
– Je le prends pour aller à l'université.

a)

b)

c)

4 ペアになり，相手に次の場所に行く理由を尋ねます。聞かれた人は答を考えましょう。Demandez à votre voisin(e) pourquoi il (elle) va aux lieux suivants. Imaginez une réponse.

a) b) c)

5 リラが両親に沢山質問をしています。例にならって文を作りましょう。Lilah pose beaucoup de questions à ses parents ! Écrivez des phrases.

Ex. : – Est-ce que je peux regarder la télé ?
– Non, ne la regarde pas !

a) – _____
– Non, _____

b) – _____
– Non, _____

c) – _____
– Non, _____

d) – _____
– Non, _____

e) – _____
– Oui, _____

6 ペアになり，健康になるための助言を書きましょう。
Avec votre voisin(e), écrivez des conseils pour être en forme.

Pour être en forme...
– Couchez-vous tôt.
– _____
– _____
– _____
– _____
– _____
– Ne travaillez pas trop.
– _____
– _____
– _____
– _____
– _____

(144) **1** 会話を聞きましょう．Écoutez ce dialogue.

2 2人（1人2役）で会話を読んでみましょう．À deux (Chaque étudiant fait 2 personnages). Lisez ce dialogue.

Demain, Daisuke se lève tôt.

🔊 リラ，カリーヌ，リュシアン，大介，フィリップは夕食を終えたところだ．
Lilah, Carine, Lucien, Daisuke et Philippe viennent de finir de dîner.

Lucien: Je dois étudier pour mon examen de demain.
Est-ce que je peux aller dans ma chambre ?

Carine: Oui, tu peux. Mais ne te couche pas tard. Demain matin,
tu dois te lever tôt.

Lucien: Oui, Maman...

Carine: Et lave-toi avant de dormir !

Lilah: Maman, est-ce que je peux regarder la télé ?

Carine: Non, Lilah, tu ne peux pas. Il est 20h30 ; tu dois te
coucher.

Lilah: （残念そうに）Chez Papi et Mamie, je me couchais à 22h00 !

Carine: C'étaient les vacances ; et tu pouvais te coucher tard.
Mais demain, il y a cours ; donc, tu dois te coucher tôt.

Lilah: （あきらめて）D'accord... Est-ce que je peux écouter de la musique avant de dormir ?

Carine: Oui, mais pas longtemps.

Lilah: Bonne nuit...

Carine: Bonne nuit.

Daisuke: Moi aussi, demain, je dois me lever tôt. Je veux prendre le tramway à 7h30.

Carine: Pourquoi ?

Daisuke: Avec ma classe, nous visitons deux châteaux de la Loire. Notre bus part à 8h15, et je dois
être à l'université à 8h00.

Carine: Quels châteaux ?

Daisuke: Le château de Chambord et le château de Chenonceau.

Carine: J'y suis déjà allée. Ils sont très beaux.
À quelle heure tu rentres demain soir ?

Daisuke: Je rentre vers 20h00.

Carine: Est-ce que tu dînes à la maison ?

Daisuke: Non. Vous pouvez dîner sans moi.

シャンボール城

(144) **1** ペアになり，会話を聞いて，お互いに次の質問をしましょう．答える人は文で答え，メモを取る時は時刻だけを書いてください． Réécoutez le dialogue. À l'oral, avec votre voisin(e), posez-vous les questions suivantes et répondez-y en faisant une phrase complète. À l'écrit, indiquez simplement l'heure correspondante.

a) À quelle heure Lilah doit-elle se coucher ?   →   _____ h _____

b) À quelle heure Lilah se couchait-elle pendant les vacances ?   →   _____ h _____

c) À quelle heure Daisuke veut-il prendre le tramway demain ?   →   _____ h _____

d) À quelle heure Daisuke doit-il être à l'université ?   →   _____ h _____

e) À quelle heure le bus de Daisuke part-il de l'université demain ?   →   _____ h _____

f) À quelle heure Daisuke rentre-t-il demain soir ?   →   _____ h _____

2 次の質問の答をフランス語の文で書きましょう． Répondez à ces questions à l'écrit par une phrase complète.

a) Pourquoi Lucien veut-il aller dans sa chambre ?

→ _____

b) Pourquoi Lilah ne peut-elle pas regarder la télé ?

→ _____

c) Est-ce que Carine a déjà visité les châteaux que Daisuke visite demain ?

→ _____

d) Demain, est-ce que Daisuke dîne avec sa famille d'accueil ?

→ _____

(144) **3** 会話を聞いてシャドーイングしましょう． Écoutez et répétez le dialogue en faisant du *shadowing*.

4 発音やイントネーションをできるだけ上手に再現しながら，2人で会話してみましょう．
À deux. Jouez le dialogue en essayant de reproduire au mieux la prononciation et l'intonation, et de lire le moins possible.

5 あなたは好感を持っていない人から一緒に外出しようと誘われています．礼儀正しく口実を見つけて断りますが，相手は別の機会を提案して粘ります．ペアになり，例にならってこの場面を演じましょう．口実が見つからなくなったら提案を受け入れ，役割を交替してください．何回か繰り返しましょう． À deux. Quelqu'un que vous n'appréciez pas vous fait une proposition de sortie. Vous refusez poliment en trouvant une excuse. La personne insiste en proposant un autre moment. Lorsque vous n'avez plus d'excuse, vous acceptez. À ce moment-là, intervertissez les rôles. NB : Recommencez plusieurs fois.

Ex. : – Est-ce que tu veux dîner au restaurant ce soir ?   – Non, je ne peux pas ; je dois étudier le français.

    – Et demain soir ?   – Je ne peux pas ; je dois faire le ménage.

    – Et dimanche ? Et mardi ? Etc.

6 ペアになり，次の表をうめましょう． À deux. Complétez le tableau suivant.

	Dans le cours de français...	À la bibliothèque...
On ne peut pas...		
On doit...		

J'irai à la mer.
海に行くでしょう.

MINI-DIALOGUES

聞いて発音を練習しましょう. 次に2人で会話してみましょう. Écoutez, répétez, puis jouez ces dialogues avec votre voisin(e).

(145) **1** 未来の出来事について話す
Parler d'événements futurs

> Qu'est-ce que tu vas faire ce soir ?

> D'abord je vais regarder la télé, et après je dormirai.

(146) **2** 条件・仮定を述べる (1)
Exprimer une condition / une hypothèse (1)

> Demain, on pourra aller à la mer ?

> Oui, s'il* fait beau, on ira à la mer.

*si は il の前で s' となる.

GRAMMAIRE

1 近接未来：aller ＋不定詞 (147)

近い未来の行為や出来事を表すのに用いる. 確率が高い場合は, かなり先のことにも使える. 「～しようとしている」「～するつもりだ」

Le train **va arriver** bientôt.
L'année prochaine, je **vais voyager** en France.

2 直説法単純未来

parler				(148)
je	parlerai	nous	parlerons	
tu	parleras	vous	parlerez	
il / elle	parlera	ils / elles	parleront	

- 活用語尾はすべての動詞に共通(avoir の現在形とほぼ同じ).
- 語幹は不定詞
  parler → je parlerai   dormir → je dormirai
- prendre, boire のように -re で終わる動詞
  prendre → je prendrai, boire → je boirai
- 特殊な語幹をとる動詞

avoir → j'aurai   être → je serai   faire → je ferai
venir → je viendrai   aller → j'irai   vouloir → je voudrai
pouvoir → je pourrai devoir → je devrai   pleuvoir → il pleuvra

a) 未来の行為や出来事を表すのに用いる. 確率が低い場合でも使える. 「～するだろう」
Un jour, je **voyagerai** peut-être en France.

b) 未来における連続する2つの動作を述べる場合,「近接未来＋単純未来」の形で使うことが多い.
D'abord je **vais me reposer**, et après j'**étudierai**.

3 条件・仮定の表現 (1)： (149)
si ＋直説法現在, 直説法単純未来

未来についての仮定に基づく行為を表す. 「もし～ならば, …するだろう」

Si j'**ai** le temps, je **ferai** le ménage.

---

(150) **未来の時を表す表現** Expression du temps futur
表を完成させましょう. Complétez le tableau.

aujourd'hui（今日）	demain（明日）	après-demain（明後日）	dans trois jours（3日後）
cette semaine（今週）	_____	dans deux semaines（2週間後）	_____
ce mois-ci（今月）	le mois prochain（来月）	_____	dans trois mois（3ヶ月後）
cette année（今年）	_____	dans deux ans（2年後）	_____

1 「大介の一日」の絵（114ページ）を見て，例にならって5つの文を作りましょう.

Regardez le dessin « La journée de Daisuke » (p.114) et écrivez cinq phrases sur le modèle suivant.

Ex. : Demain matin, il va se lever à sept heures.

2 例にならって文を作りましょう.

Écrivez des phrases.

  + 1 an

Ex. : J'étudierai en France l'année prochaine.

  + 2 ans

a) Elle _____

  + 2 jours

b) Je _____

  + 1 mois

c) Il _____

  + 3 semaines

d) Nous _____

3 ペアになり，例にならって練習しましょう. (151)

Sur le modèle suivant, entraînez-vous avec votre voisin(e).

Ex. : – Tu vas te reposer ?
      – Oui, et après je travaillerai.

a)

b)

c)

d)

4 ペアになり，例にならって交代で質問しましょう. (152)

Avec votre voisin(e), posez-vous des questions.

Ex.1 : – Quel temps fera-t-il à Nantes ?
        – Il y aura des nuages.

Ex.2 : – Il y aura de l'orage dans quelle ville ?
        – Il y aura de l'orage à Toulouse.

5 ペアになり，例にならって練習しましょう. (153)

Sur le modèle suivant, entraînez-vous avec votre voisin(e).

Ex. : – S'il fait beau, qu'est-ce que tu feras ?
      – S'il fait beau, je ferai le ménage.

a)

b)

c)

d)

6 まず表に自分の計画を書きます．次にペアになり，例 (154) にならってお互いに相手の予定を尋ねて，メモします． 最後に相手の予定をクラスで紹介しましょう. Indiquez d'abord quels sont vos projets dans la colonne « moi ». Demandez ensuite à votre voisin(e) quels sont les siens. Puis présentez ses réponses à la classe.

Ex. : – Qu'est-ce que tu vas faire demain ?
      – Je vais étudier le français, etc.

	Moi	Mon (ma) voisin(e)
Demain		
Le week-end prochain		

155 **1** 会話を聞きましょう. *Écoutez ce dialogue.*

2 2人で会話を読んでみましょう. *À deux. Lisez ce dialogue.*

Les projets de Daisuke

🔊 5月も末になろうとしていた. 授業は終わりに近づいている. 大介とルイジがキャンパスで話している.

Nous sommes à la fin du mois de mai. Les cours sont bientôt finis. Daisuke et Luigi discutent sur le campus de l'université.

Luigi: Les cours finiront dans deux semaines.
Qu'est-ce que tu vas faire en juin ?

Daisuke: Je vais voyager avec Jeanne.

Luigi: Vous allez voyager pendant combien de temps ?

Daisuke: Nous allons voyager pendant un mois.

Luigi: Où est-ce que vous irez ?

Daisuke: Nous visiterons la Lorraine, sa région natale.
Pendant une semaine, nous irons à Domremy.

Luigi: Qu'est-ce que vous allez y faire ?

Daisuke: Ses parents ont une ferme ; on s'occupera un
peu des animaux. On se reposera aussi.

Luigi: Est-ce que vous voyagerez à l'étranger ?

Daisuke: Si nous avons assez d'argent, nous irons en Belgique ou en Allemagne.
Ces pays sont à côté de la Lorraine.

Luigi: Quand est-ce que tu vas rentrer au Japon ?

Daisuke: Je vais rentrer dans 2 mois, le 25 juillet. Et toi ?

Luigi: Je vais rentrer en Italie dans 3 semaines. María va rentrer en Espagne le mois prochain.

Daisuke: C'est dommage...

Luigi: Oui, mais l'année prochaine, j'irai étudier à Barcelone !

Daisuke: Super ! Vous habiterez ensemble à Barcelone ?

Luigi: Oui, peut-être.

Daisuke: Et dans le futur, vous voulez habiter où ? En Italie ou en Espagne ?

Luigi: Je ne sais pas ! On habitera peut-être en France...

Daisuke: Qu'est-ce que tu vas faire ce week-end ?

Luigi: Vendredi soir, je vais dîner avec María au restaurant. Tu veux venir avec nous ?

Daisuke: Désolé. Je ne peux pas. Je dois aller au cinéma avec Lucien et Lilah.

Luigi: Alors, on ira au restaurant ensemble samedi soir, si tu veux ?

Daisuke: D'accord ! Si Jeanne est libre, je l'inviterai.

(155) **1** 会話を聞いて空欄をうめましょう. ＿ に１文字入ります.
Réécoutez le dialogue et complétez ces phrases. NB : un trait = une lettre.

a) Daisuke et Jeanne vont voyager en __ __ __ __.

b) Daisuke et Jeanne vont voyager pendant un __ __ __ __.

c) Daisuke et Jeanne iront en Belgique ou en Allemagne __'__ __ __ ont assez d'argent.

d) Daisuke va rentrer au Japon dans __ __ __ __ mois.

2 次の質問の答をフランス語の文で書きましょう. Répondez à ces questions à l'écrit par une phrase complète.

a) Dans combien de temps Luigi va-t-il rentrer en Italie ?
→ _____

b) Dans quel pays Luigi étudiera-t-il l'année prochaine ?
→ _____

c) Qu'est-ce que Daisuke va faire vendredi soir ?
→ _____

d) Est-ce que Jeanne ira au restaurant avec María, Luigi et Daisuke samedi soir ?
→ _____

(155) **3** 会話を聞いてシャドーイングしましょう. Écoutez et répétez le dialogue en faisant du *shadowing*.

4 発音やイントネーションをできるだけ上手に再現しながら，２人で会話してみましょう.
À deux. Jouez le dialogue en essayant de reproduire au mieux la prononciation et l'intonation, et de lire le moins possible.

5 ペアになり，お互いに近いうちにしようと思っていることを尋ねましょう. 下の表も参考にしてください.
À deux. Que va faire votre voisin(e) « prochainement ». Demandez-le-lui ! À tour de rôle, posez-vous des questions. Si vous le souhaitez, aidez-vous de ce tableau.

	matin	après-midi	soir
ce soir			
demain	matin	après-midi	soir
après demain	matin	après-midi	soir

Qu'est-ce que tu vas faire...

le week-end prochain
la semaine prochaine
le mois prochain
l'année prochaine

(?)

6 ペアになり，お互いの10年後について尋ねましょう（住んでいる場所，仕事，子供など）. そしてペアの相手の10年後の予測をクラスで紹介しましょう. À deux. À tour de rôle, posez-vous des questions sur votre situation dans 10 ans (Où habiterez-vous ? Travaillerez-vous ? Aurez-vous des enfants ? Etc.). Ensuite, présentez à la classe ce que votre voisin(e) fera dans 10 ans.

Ex. :   1.   A.   – Où habiteras-tu ?
              B.   – J'habiterai à Nara. Et toi ?
              A.   – Moi, j'habiterai à Paris !

        2.   B.   – Est-ce que tu seras marié(e) ?
              A.   – Oui, je serai marié(e). Et toi ?
              B.   – Moi, non, je ne serai pas marié(e).

Je voudrais voyager.

できたら旅行したいです.

MINI-DIALOGUES

聞いて発音を練習しましょう. 次に2人で会話してみましょう. Écoutez, répétez, puis jouez ces dialogues avec votre voisin(e).

(156) **1** 願望を述べる (1) Exprimer un souhait (1)

> Qu'est-ce que tu voudrais faire plus tard ?

> Je voudrais être journaliste.

(157) **2** 条件・仮定を述べる (2) Exprimer une condition / une hypothèse (2)

> Qu'est-ce qu'on fait ?

> S'il faisait beau, on pourrait faire du vélo...

(158) **3** 比較する Faire une comparaison

> Vous faites souvent du sport ?

> Non, mais si j'avais plus de temps, j'en ferais plus souvent que maintenant.

GRAMMAIRE

1 条件法現在 (159)

parler			
je	parlerais	nous	parlerions
tu	parlerais	vous	parleriez
il / elle	parlerait	ils / elles	parleraient

- 語幹は単純未来と同じ（15 課参照）.
- 活用語尾は半過去の活用語尾で, すべての動詞に共通.

語調を和らげ, 願望, 丁寧な依頼, 推測などを表す.

Elle **voudrait** étudier en France l'année prochaine.
Est-ce que je **pourrais** avoir de l'eau ?

2 条件・仮定の表現 (2)： (160)
　　si ＋直説法半過去, 条件法現在

現在の事実に反することを仮定し, 起こり得る結果を表す.
「もし〜だったら, …なのだが」

Si j'**avais** de l'argent, je **voyagerais** en Chine.
Si nous **avions** du temps, nous **ferions** du tennis.

3 比較級 (161)

a) 形容詞と副詞の比較

		形容詞・副詞		比較の対象	
優等		**plus**			
同等	Paul est	**aussi**	grand	**que**	Lucien.
劣等		**moins**			

Éva est aussi grande que Lucien.
Max voyage moins souvent qu'avant.

b) 名詞についての数量の比較

		名詞			比較の対象	
優等		**plus**				
同等	Paul fait	**autant**	de	sport	**que**	Lucien.
劣等		**moins**				

c) 動詞についての程度の比較

		動詞		比較の対象	
優等			**plus**		
同等	Paul	étudie	**autant**	**que**	Lucien.
劣等			**moins**		

1 例にならって文を作りましょう.
Écrivez des phrases.

Ex. : → Elle voudrait être professeur.

a) → Je _____ (m.)

b) → Tu _____ (f.)

c) → Il _____

d) → Nous _____ (f.)

e) → Vous _____ (m. pl.)

f) → Elles _____

2 (162) ペアになり，レストランの客とウェーター（ウェートレス）の役を交代で演じます. 客は例にならって注文し，ウェーター（ウェートレス）は食品のカードを見せながら答えましょう. Vous êtes au restaurant. Votre voisin(e) joue le rôle du (de la) serveur(euse). Commandez. Il (elle) répond en montrant la carte « aliment » correspondante.

Ex. : – Est-ce que je pourrais avoir de l'eau ?
   – Oui, tenez. （水のカードを見せながら）

3 (163) ペアになり，例にならって練習しましょう.
Sur le modèle suivant, entraînez-vous avec votre voisin(e).

Ex. : – Tu prends le bus ?
   – Oui, mais s'il faisait beau, j'irais à pied.

a)

b)

c)

d)

4 次の表を見て，例にならって5つの比較級の文を作りましょう. Écrivez 5 phrases de comparaison.

Ex. 1 : Julie est plus jeune que Nino.
Ex. 2 : Sarah est aussi grande que Nino.

	Julie	Nino	Sarah	Timéo
Âge	31 ans	42 ans	29 ans	29 ans
Taille	1,70 m	1,75 m	1,75 m	1,80 m
Travail	35h/sem.*	35h/sem.	40h/sem.	20h/sem.
Famille	1 enfant	3 enfants	2 enfants	1 enfant

*sem. = semaine

5 例にならって文を作りましょう.
Écrivez des phrases.

Ex. : – Vous lisez souvent le journal ?
   – Non, mais si j'avais plus de temps, je le lirais plus souvent.

a) – Elle _____ ?
   – _____ ,
   _____ .

b) – Tu _____ ?
   – _____ ,
   _____ .

6 まず表の自分の欄に，もっと時間があればしたいことを書きます. 次にペアになり，例にならってお互いに相手がすることを尋ね，メモします. 最後に相手の答をクラスで紹介しましょう. (164) Indiquez d'abord ce que vous feriez si vous aviez plus de temps. Ensuite, demandez à votre voisin(e) ce qu'il (elle) ferait. Enfin, présentez ses réponses à la classe.

Ex. : – Qu'est-ce que tu ferais si tu avais plus de temps ?
   – Je ferais plus de sport.

Moi	
Mon (ma) voisin(e)	Ex. : Il (Elle) ferait plus de sport.

(165) **1** 会話を聞きましょう. Écoutez ce dialogue.

2 2人で会話を読んでみましょう. À deux. Lisez ce dialogue.

Daisuke à Domremy

大介とジャンヌはドンレミに来ている. Daisuke et Jeanne sont à Domremy. Ils discutent.

Daisuke: Qu'est-ce que tu voudrais faire plus tard ?

Jeanne: Je voudrais être styliste. Et toi ?

Daisuke: Moi, je voudrais être journaliste.

Jeanne: Où est-ce que tu voudrais habiter ?

Daisuke: J'aimerais habiter au Japon ou en France. Et toi ?

Jeanne: Je ne sais pas.

Daisuke: Est-ce que tu aimerais habiter au Japon ?

Jeanne: Je ne connais pas ce pays.

Daisuke: Si tu venais avec moi cet été, nous pourrions le visiter.

Jeanne: Si j'avais plus d'argent que maintenant, je viendrais.

Daisuke: Est-ce que tu vas travailler cet été ?

Jeanne: Oui, je vais travailler pendant deux mois, en juillet et en août.

Daisuke: Tu auras de l'argent. Si tu pouvais venir pour les vacances de Noël, ce serait bien !

Jeanne: Oui.

Jeanne: Si j'allais au Japon, qu'est-ce que nous ferions ?

Daisuke: Je te présenterais ma famille et mes amis, nous voyagerions, nous mangerions de la cuisine japonaise !

Jeanne: Est-ce que le Japon est plus grand que la France ?

Daisuke: Non, le Japon est plus petit que la France.

Jeanne: Mais il y a plus d'habitants qu'en France, n'est-ce pas ?

Daisuke: Oui. Les villes japonaises sont plus grandes que les villes françaises !

Jeanne: Si j'allais au Japon, je voudrais visiter la campagne.

Daisuke: D'accord !

Jeanne: Qu'est-ce que tu voudrais faire aujourd'hui ?

Daisuke: Si je pouvais faire du cheval, nous nous promènerions.

Jeanne: Est-ce que tu veux apprendre à faire du cheval ?

Daisuke: Si j'avais plus de temps, j'apprendrais. Mais je rentre à Orléans dans trois jours.

Jeanne: Allez, monte derrière moi.

Daisuke: Où va-t-on ?

Jeanne: On va se promener.

165 **1** 会話を聞いて，内容に合うように左右の文を線で結びましょう．Réécoutez le dialogue et reliez une partie de phrase à gauche avec une partie de phrase à droite pour avoir une assertion correspondant au dialogue.

a) Si Jeanne avait plus d'argent,

b) Si Jeanne allait au Japon,

c) Si Daisuke avait plus de temps à Domremy,

1. elle irait au Japon avec Daisuke.

2. il apprendrait à faire du cheval.

3. Daisuke lui présenterait sa famille.

2 次の質問の答をフランス語の文で書きましょう．Répondez à ces questions à l'écrit par une phrase complète.

a) Où est-ce que Jeanne voudrait habiter plus tard ?

→ _____

b) Qu'est-ce que Jeanne va faire pendant l'été ?

→ _____

c) Est-ce que la France est plus petite que le Japon ?

→ _____

d) Si Daisuke restait plus longtemps à Domremy, qu'est-ce qu'il apprendrait à faire ?

→ _____

165 **3** 会話を聞いてシャドーイングしましょう．Écoutez et répétez le dialogue en faisant du *shadowing*.

4 発音やイントネーションをできるだけ上手に再現しながら，2人で会話してみましょう．
À deux. Jouez le dialogue en essayant de reproduire au mieux la prononciation et l'intonation, et de lire le moins possible.

À VOUS !

5 ペアになり，1人が仮定を述べます．お互いにその続きを言いましょう．À deux. L'un(e) de vous propose une hypothèse, et chacun propose une suite.

			A	B
Ex. :	1	Si j'avais plus d'argent,	j'achèterais un scooter.	je voyagerais à Tahiti.
	2	Si j'étais français,	j'habiterais à Toulouse.	j'irais souvent au Louvre.
	(A)			
	(B)			
	(A)			
	(B)			

6 ペアになり，条件法を使って大介とジャンヌの物語の続きを2通り書きましょう．数ヶ月後のことでも，数年後のことでも構いません．次に各ペアが2種類の続きをクラスで読み，人気投票してみましょう．À deux. Écrivez au conditionnel deux suites possibles de l'histoire de Daisuke et Jeanne. Imaginez ce qui pourrait se passer dans les prochains mois pour les deux personnages, mais aussi ce qui pourrait se passer dans plusieurs années. Ensuite, lisez vos deux suites à la classe et décidez quelles sont les deux meilleures suites parmi celles proposées par tous les étudiants !

Suite 1 Si Jeanne allait au Japon à Noël, ...

Suite 2 Si Jeanne n'allait pas au Japon à Noël, ...

CIVILISATION

Le système éducatif

教育制度

DÉCOUVREZ !

まず，クイズに答えてみましょう．次に右のページの文章を読んで答を確かめてください．
Essayez tout d'abord de répondre à ce quiz. Dans un second temps, lisez le texte de la page de droite pour y vérifier vos réponses.

1 フランスの義務教育期間は次のうちどれでしょう．
De quel âge à quel âge l'instruction est-elle obligatoire en France ?

1) 3 〜 15 歳   2) 4 〜 14 歳   3) 5 〜 15 歳   4) 3 〜 16 歳

2 グランドゼコールとはどんな学校でしょう．
À quel type d'institution éducative correspondent les grandes écoles ?

1) 学生数の多い大きな大学 une grande université accueillant un grand nombre d'étudiants

2) 高度な専門教育を行う高等教育機関
     un établissement d'enseignement supérieur dispensant une formation spécialisée de haut niveau

3) 社会人向けの公開講座 un programme d'enseignement public destiné aux citoyens

4) 教員の再教育機関 un institut de formation continue des enseignants

3 高校の卒業試験と大学の入学試験を兼ねるバカロレアの試験方法にないものはどれでしょう．
Choisissez parmi les types d'examen suivants celui que l'on ne trouve pas dans le baccalauréat.

1) 口頭試問   2) 論述試験   3) 実技試験   4) マークシート方式
   un examen oral   une dissertation   un examen pratique   un QCM

4 大学入学者のうち，大学を 3 年で卒業する学生はどのくらいの割合でしょう．
Quel est environ le pourcentage d'étudiants à obtenir leur diplôme de licence en 3 ans ?

1）約 30%   2) 約 45%   3) 約 60%   4) 約 90%

5 中学では少なくともいくつの外国語を学ばなければならないでしょう．
Combien de langues étrangères, au minimum, doit-on étudier au collège ?

1) 1   2) 2   3) 3   4) 4

6 英語の次に学ばれているのはどの言語でしょう．
Quelle est la langue la plus étudiée après l'anglais ?

1) l'italien   2) l'allemand   3) l'arabe   4) l'espagnol

フランスの教育は「公教育の無償」,「宗教的中立」,「就学の義務」を大原則としており,中等教育までの教育制度は保育学校 (école maternelle) が 3 年,小学校 (école élémentaire) が 5 年,中学 (collège) が 4 年,高校 (lycée) が 3 年です.義務教育期間は保育学校から高校 1 年目にあたる 3 歳から 16 歳までですが (フランスでは家庭での教育も認められています),小学校から留年や飛び級があるため,義務教育を終える段階は個人によって違います.高等教育機関として

小学校の教室

は,大学 (université),及び高度な専門教育を行うグランドゼコール (grandes écoles) があります.高等教育に進むためには,高校の卒業試験と大学の入学試験を兼ねた国家資格バカロレア (baccalauréat) が必要です.バカロレアには一般,技術,職業の三種類がありますが,全体の合格率は近年 85% を超えており,対象年齢の若者の 7 割以上が取得しています.大学は 2002 年からヨーロッパ共通の課程制度 LMD を採用し,学士課程 (licence) 3 年,修士課程 (master) 2 年,博士課程 (doctorat) 3 年となりました.

ではここで,普通科の高校生対象の一般バカロレアを見てみましょう.試験方式は記述形式 (論述を含む),口頭試問形式,実技で,学期中に行われる試験に加えて,最終学年の年度末に複数の科目の試験が行われます.例えば,第一日目の哲学の試験時間は 4 時間,「人は自由なしで幸福になりうるか」といった問題の論点を分析し,哲学史を参照しながら,序論,本論,結論の形式で自分の考えを論理的に記述することが求められます.このような試験は,初等教育以来の言語技術教育の集大成ともいえるもので,付け焼き刃では太刀打ちできません.

さて,従来バカロレアを取得すると,大学に進む場合は,原則,希望する大学に入学できましたが,2018 年から,定員を上回る志願者がいる学部ではバカロレアの成績等による選抜が行われることになりました.現在大学では,入学者のうち,規定の 3 年で学士を取得する学生は 30% 程度で,約 60% は入学時のコースを終えていない,という問題を抱えています.今後,選抜制が大学にどのような影響をもたらすのか注目されます.なお,グランドゼコールに進む場合は,バカロレア取得後,高校に設置された準備学級で通常 2 年間の受験勉強に取り組み,超難関の選抜試験に合格しなければなりません.

最後に国際志向のフランスをご紹介しましょう.若者が 2 つ以上の外国語を使えるようになることを目指して,最近では保育学校にも遊びを通して外国語に触れる機会が設けられています.そして小学校の 2 年目から第 1 外国語 (普通は英語) の授業,中学からは第 2 外国語の授業が行われています.さらに高校では第 3 外国語を選択できます.第 2 外国語として人気が高いのはスペイン語,第 3 外国語としては,ヨーロッパの言語 (バスク語等のフランスの地域語も含む) の他に,中国語,アラビア語,日本語も学ばれています.大学では LMD とともに,欧州大学間単位移行制度が導入されて,エラスムスという欧州域内の留学奨学金制度を活用した学生たちの留学が増えています.欧州外の国々との留学制度エラスムス・ムンドゥスも加わり,今後,大学生の国際流動性はますます高まってゆくことでしょう.

166 **1** 今日は5月2日月曜日です．会話を聞いて，サミュエルの手帳をうめましょう．Nous sommes le lundi 2 mai. Écoutez le dialogue et compléter l'agenda de Samuel.

Agenda de Samuel

dimanche	1	
lundi	2	
mardi	3	
mercredi	4	
jeudi	5	
vendredi	6	
samedi	7	
dimanche	8	

2 次の4つの文を読んで，話しているのが誰か当てましょう．Lisez les 4 textes et dites qui parle.

Comment vous imaginez-vous dans dix ans ?

1) Dans dix ans ? Moi, je n'habiterai plus chez mes parents. Mes études seront finies et je travaillerai peut-être à l'étranger. J'aurai peut-être une femme et des enfants...

2) Moi, dans dix ans, je serai peut-être encore étudiante. J'aimerais devenir médecin ! Je n'aurai pas encore d'enfant, mais j'aimerais bien avoir un mari...

3) Moi, dans dix ans, je ne travaillerai plus. J'aurai les cheveux blancs et je serai peut-être grand-père. J'aimerais jouer avec mes petits-enfants et leur raconter des histoires.

4) Mon fils sera étudiant et il n'habitera peut-être plus à la maison. Avec mon mari, on pourra sortir plus souvent au restaurant, au cinéma ou au théâtre.

	Textes
a) Alain, 59 ans.	
b) Lucie, 35 ans.	
c) Marc, 22 ans.	
d) Manon, 16 ans.	

3 次のメールを読んで質問に答えましょう．Lisez cet email et répondez aux questions.

À...	eva.latour@hotmail.com
Cc...	
Objet :	Re : Voyage à Madrid

Chère Éva,
Merci pour ton message. Moi aussi, je vais très bien. Aujourd'hui, j'ai travaillé, mais à partir de demain, je serai en vacances pendant deux semaines. Cette semaine, je vais me reposer à la maison. Si j'ai le temps, je lirai un peu, mais je dois aussi m'occuper des enfants... La semaine prochaine, nous partirons en famille dans les Pyrénées ! Tu sais, Claire et moi aimons beaucoup le ski. Si nous avons le temps, nous voyagerons en Espagne. Je n'y suis jamais allé, et j'aimerais bien visiter ce pays.
À bientôt,
Max

a) À qui Max écrit-il ce message ?
b) À partir de quand sera-t-il en vacances ?
c) Combien de temps sera-t-il en vacances ?
d) S'il a le temps, que fera-t-il cette semaine ?
e) Qu'est-ce qu'il doit faire cette semaine ?
f) Où ira-t-il la semaine prochaine ? Avec qui ?
g) Pourquoi partiront-ils à la montagne ?
h) Est-ce qu'il a déjà visité l'Espagne ?

4 ペアになり．それぞれの時期にどんなことを計画しているかお互いに尋ねましょう．Avec votre voisin(e), posez-vous les questions suivantes sur vos projets futurs.

Quels sont tes projets...
a) pour demain ?
b) pour le week-end prochain ?
c) pour les vacances prochaines ?
d) pour l'année prochaine ?

5 あなたの理想の住まいを説明する文を書いてください．次にペアになり，その住まいを相手に紹介しましょう．Décrivez le logement de vos rêves. Puis présentez-le à votre voisin(e).

Ex. : Je vais te présenter la maison de mes rêves.
Elle serait très grande. Il y aurait...

Leçon 17　Il faut que je prenne une douche.
シャワーを浴びなくてはなりません.

- する必要があることを述べる
  Exprimer une nécessité
- 願望を述べる(2)
  Exprimer un souhait (2)
- 考え・推測を述べる
  Exprimer une opinion, une probabilité

Leçon 18　Je dîne en écoutant la radio.
ラジオを聞きながら夕食をとります.

- 同時性を表す
  Exprimer la simultanéité
- 場所について説明する
  Décrire un lieu
- 強調する
  Insister

Il faut que je prenne une douche.
シャワーを浴びなくてはなりません.

聞いて発音を練習しましょう。次に2人で会話し
てみましょう . Écoutez, répétez, puis jouez ces dialogues avec
votre voisin(e).

(167) **1** する必要があることを述べる Exprimer une nécessité

Daisuke, ça va ?

Oui, mais il faut que je
prenne une douche...

(168) **2** 願望を述べる(2) Exprimer un souhait (2)

Daisuke, quand je
viendrai au Japon,
j'aimerais qu'on
aille à Kyoto.

Super ! Et je
voudrais que tu
rencontres ma
famille à Kanazawa.

(169) **3** 考え・推測を述べる
Exprimer une opinion, une probabilité

Jeanne, tu penses
qu'il va pleuvoir ?

Il y a des nuages.
Il est possible qu'il
pleuve.

Non, je ne pense pas qu'il
pleuve. Et toi, Daisuke ?

---

1 接続法現在 (170)

prendre			
que je	prenne	que nous	prenions
que tu	prennes	que vous	preniez
qu'il/elle	prenne	qu'ils/elles	prennent

- 語尾は être と avoir 以外の動詞で共通.
- 語幹は je, tu, il/elle, ils/elles は直説法現在3人称複数の語幹（ils/elles prennent → prenn-）. nous, vous は直説法現在1人称複数 nous の語幹（nous prenons → pren-）したがって er 動詞等では語幹は同一となる: parler → que je **parl**e... que nous **parl**ions...
- je, tu, il/elle, ils/elles で特殊な語幹をとる動詞
  aller → que j'**aille**... que nous **allions**... . 他に vouloir, valoir
- 全ての人称で特殊な語幹をとる動詞

faire → que je **fasse**... que nous **fassions**...

pouvoir → que je **puisse**... que nous **puissions**, 他に savoir

- 非人称動詞 falloir → qu'il faille, pleuvoir → qu'il pleuve
- 語幹，語尾ともに特殊な動詞

être			
que je	sois	que nous	soyons
que tu	sois	que vous	soyez
qu'il/elle	soit	qu'ils/elles	soient

avoir			
que j'	aie	que nous	ayons
que tu	aies	que vous	ayez
qu'il/elle	ait	qu'ils/elles	aient

a) 主節の動詞や非人称表現が意志，願望，義務などを表す従属節の中で.

  J'aimerais qu'il **fasse** beau demain.
  Il faut que nous **soyons** à Orléans à 18h00.

b) 不確実な内容を述べる従属節の中で（croire, penser のような判断を表す主節の動詞が否定形，疑問形であるときなど）.

  Cette fille ? Non, je ne pense pas que ce **soit** María.
  Il est possible que Jeanne n'**aille** pas au Japon.

c) 目的，譲歩などを表す接続詞句で始まる従属節の中で.
  Mes parents m'aident pour que je **puisse** étudier.
  Il se promène bien qu'il y **ait** de l'orage.

1 例にならって文を作りましょう．
Écrivez des phrases.

Ex. : (je) → Il faut que j'étudie.

a) (je) → _____

b) (tu) → _____

c) (il) → _____

d) (nous) → _____

e) (vous) → _____

f) (elles) → _____

2 リラは両親と意見が合いません．例にならって文を作りましょう．Lilah et ses parents ne sont pas d'accord. Écrivez des phrases comme dans l'exemple.

(être)

Ex. : Lilah voudrait *être comédienne*, mais ses parents voudraient *qu'elle soit médecin*.

(faire)

a) _____

_____

(boire)

b) _____

_____

(manger)

c) _____

_____

(travailler)

d) _____

3 ペアになり，例にならって練習しましょう． (171)
Sur le modèle suivant, entraînez-vous avec votre voisin(e).

Ex. : – J'aimerais que tu étudies avec moi.
　　　– Désolé(e), mais il faut que je travaille.

a)

b)

c)

4 大介が電話に出ません．何をしていると思いますか． (172)
ペアになり，例にならって練習しましょう．Daisuke ne répond pas au téléphone. Que peut-il bien faire ? Sur le modèle suivant, entraînez-vous avec votre voisin(e).

Ex. : 　　　– Tu penses qu'il se promène ?
(non) 　　 – Non, je ne pense pas qu'il se promène.

a) 　　　b) 　　　c) 　　　d)

(non) 　 (non) 　 (non) 　 (oui)

5 まずフランス語が上達するための助言を3つ書きます．次に例にならって，ペアの相手の助言を尋ねて書きましょう．Écrivez d'abord 3 conseils pour progresser en français. Demandez ensuite à votre voisin(e) quels sont les siens et écrivez-les. (173)

Ex. : – Que faut-il que je fasse pour progresser en français ?
　　　– Il faut que tu fasses tes devoirs.

Mes conseils	1. _____
	2. _____
	3. _____
Les conseils de mon (ma) voisin(e)	Ex. : Il faut que je fasse mes devoirs.
	1. _____
	2. _____
	3. _____

Je dîne en écoutant la radio.

ラジオを聞きながら夕食をとります.

MINI-DIALOGUES

聞いて発音を練習しましょう. 次に2人で会話してみましょう. Écoutez, répétez, puis jouez ces dialogues avec votre voisin(e).

(174) **1** 同時性を表す Exprimer la simultanéité

Daisuke, au Japon aussi, tu dînes en regardant la télé ?

Non, je dîne en écoutant la radio française !

(175) **2** 場所について説明する Décrire un lieu

Un *onsen*, qu'est-ce que c'est ?

C'est un endroit où on se relaxe en prenant un bain chaud.

(176) **3** 強調する Insister

Luigi et toi, est-ce que vous allez voyager en Italie ?

Non, c'est en Espagne que nous allons voyager !

GRAMMAIRE

1 ジェロンディフ (177)

- 作り方：**en** ＋現在分詞
- 現在分詞は直説法現在形1人称複数形の語幹に -ant をつけて作る.

  chanter → nous **chantons** → **chant**ant
  faire → nous **faisons** → **fais**ant
- 例外：être → étant, avoir → ayant, savoir → sachant
- 用法：主節に対し, 同時性, 理由, 手段, 条件, 対立などを表す. 主語は原則として主節の主語と同じ.

  Elle conduit **en écoutant** de la musique.

  J'ai vu un joli jardin **en me promenant**.

  Il a maigri **en faisant** du sport.

  En prenant un taxi, nous arriverons à l'heure.

2 関係代名詞 où / dont (178)

a) **où**：先行詞は場所または時を表す名詞. 英語の関係副詞 where, when にあたる.

  Je connais un restaurant coréen **où** on mange très bien.

  Daisuke n'oubliera jamais le jour **où** il a rencontré Jeanne.

b) **dont**：前置詞 de ＋先行詞に代わる関係代名詞. 先行詞は人でも物でもよい. 英語の whose, of whom, of which と同じような使い方をする.

  Elle a un ami **dont** la mère est comédienne.

  Voilà le livre **dont** je t'ai parlé. (parler de ... ~について話す)

3 強調構文 (179)

c'est (ce sont) の後に文の中の強調する要素を置く. 人称代名詞を置くときは強勢形を使う.

a) 主語の強調：**C'est (Ce sont)... qui**

  C'est toi **qui** m'as téléphoné ce matin ?

  Luigi habite à Orléans. **Ce sont** ses parents **qui** habitent à Milan.

b) 主語以外の要素の強調：**C'est (Ce sont) ... que**

  C'est la cuisine italienne **qu'**il adore.

  C'est avec Luigi **que** María est allée au cinéma hier.

  C'est demain **que** vous partez pour la France ?

1 例にならって文を作りましょう． Écrivez des phrases.

Ex. : J'étudie en écoutant de la musique.

a) Je _____

b) Il _____

c) Vous _____

2 例にならって文を作りましょう． Écrivez des phrases.

Ex. : L'université, c'est un endroit où on peut étudier.

a) _____

b) _____

c) _____

3 練習２の例を参考にして，次の場所の定義を提案しましょう． Sur le modèle de l'exercice précédent, proposez une définition des lieux suivants.

Ex. : → La campagne, c'est un endroit où on peut se reposer.

a) → _____

b) → _____

c) → _____

4 次に聞くのは「大介のホストファミリー」の絵（111 (180) ページ）の説明です． 文を書き取り，誰のことか答えましょう． Écrivez les phrases que vous entendez. Puis en regardant le dessin « La famille d'accueil de Daisuke » (p.111), indiquez de qui il s'agit.

Ex. : C'est un garçon dont la mère est chanteuse.
　　　→ C'est Timéo.

a) _____
　　→ _____

b) _____
　　→ _____

c) _____
　　→ _____

d) _____
　　→ _____

-

5 ペアになり，絵を使って練習を続けます．１人が絵の人物を説明し，相手は誰の説明か当てましょう． Avec votre voisin(e), poursuivez l'activité 4.

6 ペアになり「公園で」の絵（113 ページ）を見て， (181) 例にならって交代で質問しましょう． Avec votre voisin(e), regardez le dessin « Dans un parc » (p.113) et posez-vous des questions.

Ex.1 : – *C'est* Louis *qui* porte un tee-shirt bleu ?
　　　　 – Non, ce n'est pas Louis. C'est Thomas.

Ex.2 : – *C'est* un pull bleu *que* Lilah porte ?
　　　　 – Non, ce n'est pas un pull bleu. C'est un pull rouge.

7 まず自分がフランス語をどんな風に学んだか，ジェ (182) ロンディフを使って３つの文を書きます． 次にペアになり，例にならって相手の学び方を尋ねましょう． Écrivez 3 phrases sur la manière dont vous avez appris le français. Utilisez le gérondif. Demandez ensuite à votre voisin(e) comment il/elle a appris le français.

Ex. : – Comment as-tu appris le français ?
　　　 – J'ai appris le français *en m'amusant*.

Ma méthode	1. _____
	2. _____
	3. _____
La méthode de mon (ma) voisin(e)	Ex. : Il/elle a appris le français en s'amusant.
	1. _____
	2. _____
	3. _____

疑問文　La forme interrogative

❖ 全体疑問文

	口語体　courant	普通体　standard	丁寧体　formel
疑問詞のない疑問文	Tu parles français ? Il travaille au Japon ? Vous buvez du vin ? Daisuke est étudiant ?	Est-ce que tu parles français ? Est-ce qu'il travaille au Japon ? Est-ce que vous buvez du vin ? Est-ce que Daisuke est étudiant ?	Parles-tu français ? Travaille-t-il au Japon ? Buvez-vous du vin ? Daisuke est-il étudiant ?

❖ 疑問形容詞

	口語体　courant	普通体　standard	丁寧体　formel
Quel(le)(s) どんな、どの	Elle a quel âge ? Tu aimes quels sports ? Tu préfères quelle saison ? Il parle quelles langues ?	Quel âge est-ce qu'elle a ? Quels sports est-ce que tu aimes ? Quelle saison est-ce que tu préfères ? Quelles langues est-ce qu'il parle ?	Quel âge a-t-elle ? Quels sports aimes-tu ? Quelle saison préfères-tu ? Quelles langues parle-t-il ?

❖ 疑問代名詞

	口語体　courant	普通体　standard	丁寧体　formel
Que, quoi　何	C'est quoi ? Tu aimes quoi ? Vous faites quoi ?	Qu'est-ce que c'est ? Qu'est-ce que tu aimes ? Qu'est-ce que vous faites ?	Qu'est-ce ?* Qu'aimes-tu ? Que faites-vous ?
Qui　誰	C'est qui ? Tu invites qui ?	Qui est-ce que c'est ?* Qui est-ce que tu invites ?	Qui est-ce ? Qui invites-tu ?

*のついた形は日常生活ではあまり用いられない。

❖ 疑問副詞

	口語体　courant	普通体　standard	丁寧体　formel
Où　どこ	Tu habites où ?	Où est-ce-que tu habites ?	Où habites-tu ?
Quand　いつ	Elle arrive quand ?	Quand est-ce qu'elle arrive ?	Quand arrive-t-elle ?
Comment どのように、 どのような	Il s'appelle comment ? Vous allez comment ? Elle vient ici comment ?	Comment est-ce qu'il s'appelle ? Comment est-ce que vous allez ? Comment est-ce qu'elle vient ici ?	Comment s'appelle-t-il ? Comment allez-vous ? Comment vient-elle ici ?
Combien (de) いくら、いくつ、 何人	Ce sac coûte combien ? Tu as combien de frères ? Il part combien de temps ?	Combien est-ce que ce sac coûte ? Combien est-ce que tu as de frères ? Combien de temps est-ce qu'il part ?	Combien ce sac coûte-t-il ? Combien as-tu de frères ? Combien de temps part-il ?
Pourquoi　なぜ	Pourquoi il va en Italie ?	Pourquoi est-ce qu'il va en Italie ?	Pourquoi va-t-il en Italie ?

略語表

名	名詞	代	代名詞	代動	代名動詞	前	前置詞
男	男性名詞	自	自動詞	非動	非人称動詞	副	副詞
女	女性名詞	他	他動詞	形	形容詞	接	接続詞

A

à	前	～で，～に
à côté (de)	前	(～の) そばに
à droite (de)	前	(～の) 右に
à gauche (de)	前	(～の) 左に
acheter	他	買う
adorer	他	大好きである
âge	男	年齢，年
âgé(e)	形	年取った
agenda	男	手帳
agréable	形	気持ちがいい
aider	他	助ける，手伝う，援助する
aimer	他	好きである
allemand(e)	形	ドイツ (人，語) の
aller	自	行く，(健康状態が) ～である
allô		(電話で) もしもし
alors	副	それでは，だから
américain(e)	形	アメリカ (人) の
ami(e)	名	友達
amusant(e)	形	楽しい
an	男	年，～歳
anglais(e)	形	イギリス (人) の，英語の
anglais	男	英語
Angleterre	女	イギリス
animal	男	動物
année	女	年，学年
anniversaire	男	誕生日
août	男	8 月
apéritif	男	食前酒
appartement	男	アパルトマン (集合住宅の一居住区画)
apprendre	他	学ぶ
après	前	～の後で
après-midi	男	午後
arc	男	弓 (tir à l'arc アーチェリー)
argent	男	お金
arrêter	他	やめる
arriver	自	着く
assez	副	かなり，十分に
au bout (de)	前	(～の) 突き当りに
au revoir		(挨拶で) さようなら
aujourd'hui	副	今日
aussi	副	～もまた
automne	男	秋
autre	形	ほかの
avant	副	～の前に，以前
avec	前	～と一緒に
avion	男	飛行機
avoir	他	持っている
avril	男	4 月

B

bain	男	入浴，風呂 (prendre un bain 入浴する，風呂に入る)
banane	女	バナナ
banque	女	銀行
baseball	男	野球
bateau	男	船
beau (belle)	形	美しい，天気がよい
beaucoup	副	たいへん，沢山
beige	形	ベージュ色の
bibliothèque	女	図書館
bien	副	良く
bien que＋接続法		～であるにもかかわらず
blanc(he)	形	白い
bleu(e)	形	青い
blond(e)	形	金髪の
boire	他	飲む
bon(ne)	形	良い，おいしい
bon		(間投詞として) よし，さあ (Ah bon ! ああそう)
bonjour		(挨拶で) こんにちは
bonne nuit		(挨拶で) おやすみなさい
boulangerie	女	パン屋
boutique	女	店
boxe	女	ボクシング
brun(e)	形	茶色の
bruyant(e)	形	騒がしい，やかましい
bureau	男	事務机
bus	男	バス

café	男	コーヒー
calme	形	静かな，穏やかな
camarade	名	仲間，友達
campagne	女	田舎，田園地帯
carafe	女	水差し，カラフ
cathédrale	女	大聖堂
centre	男	中心(centre-ville 町の中心街)
chaise	女	椅子
chambre	女	寝室，（ホテルなどの）部屋
champagne	男	シャンパン
chanter	自他	歌う
chant*eur*(*euse*)	名	歌手
chapeau	男	帽子
château	男	城
chaud(e)	形	暑い，熱い
chaussure	女	靴
chemise	女	シャツ，ワイシャツ
cheval	男	馬
cheveu	男	（主に複数形 cheveux で）髪の毛
chez	前	～の家で
Chine	女	中国
chinois(e)	形	中国（人，語）の
chinois	男	中国語
cinéma	男	映画，映画館
cité universitaire	女	学生寮
classe	女	クラス
clé	女	鍵，キー
collège	男	中学校
collégien(ne)	名	中学生
combien	副	いくら，どれだけ(combien de ＋無冠詞名詞 どれだけの～)
comédien(ne)	名	俳優，役者
comme ci comme ça		まあまあ
commencer	自他	始まる，始める
comment	副	どのように，どのような
conduire	自他	運転する
connaître	他	（人・場所を）知っている
conseil	男	助言，アドバイス
Corée	女	朝鮮
coréen(ne)	形	朝鮮（人，語）の
coréen	男	朝鮮語
couleur	女	色
couloir	男	廊下
cours	男	授業
course	男	（多く複数形で）買い物
court(e)	形	短い
cousin(e)	名	従兄弟（従姉妹）
coûter	自	値段は～だ
cuisine	女	料理，台所
cuisiner	自他	料理をする，料理を作る

d'abord	副	まず初めに
d'accord	副	（会話で）わかった，いいよ
dangereu*x*(*se*)	形	危険な
dans	前	～の中に
danser	自他	踊る
date	女	日付
décembre	男	12 月
degré	男	度
déjà	副	すでに，もう
déjeuner	自男	昼食をとる：昼食
délicieu*x*(*se*)	形	実においしい
demain	副	明日
dent	男	歯
depuis	前	以来，～から
derni*er*(*ère*)	形	最後の，前の
derrière	前	～の後ろに
descendre	自他	降りる，下りる
désolé(e)	形	すまなく思う
dessiner	他	描く
détester	他	大嫌いである
devant	前	～の前に
devenir	自	～になる
devoir	他男	～しなければならない：（多く複数形で）宿題
difficile	形	難しい
dimanche	男	日曜日
dîner	自男	夕食を取る：夕食
direct(e)	形	直接的な
dommage	男	残念
dormir	自	眠る
douche	女	シャワー(prendre une douche シャワーを浴びる)
dou*x*(*ce*)	形	暖かい，柔らかい

eau	女	水
école	女	学校，小学校
écoli*er*(*ère*)	形	小学生
écouter	他	聞く
écrire	他	書く，（目的語なしで）手紙を書く
email	男	電子メール
emploi du temps	男	時間割
employé(e)	名	会社員
en face (de)	前	（～の）向かいに
en général	副	ふつうは
enchanté(e)	形	初めまして
enfant	名	子供
enfin	副	ついに，やっと，最後に
ennuyeu*x*(*se*)	形	退屈な，困った
ensemble	副	一緒に

ensuite	副	次に，それから
entendu	形	了解 された（Entendu. わかった，承知した）
entre	前	〜の間に
entrée	女	入り口，玄関
Espagne	女	スペイン
espagnol(e)	形	スペイン（人，語）の
espagnol	男	スペイン語
étagère	女	棚，本棚
États-Unis	男	アメリカ合衆国
été	男	夏
étranger	男	外国（à l'étranger 外国で）
être	自	〜である，〜にいる
étudiant(e)	名	（大学の）学生
étudier	自他	勉強する
examen	男	試験
excuser	他	許す（Excusez-moi. 申し訳ありません，すみません）

F

facile	形	簡単な，易しい
faire	他	する，作る
famille	女	家族（famille d'accueil ホストファミリー）
fatigant(e)	形	疲れさせる
femme	女	女性，妻
fenêtre	女	窓
ferme	女	農場
fermer	自他	閉まる，閉める
février	男	2月
fille	女	女の子，娘
film	男	映画
fils	男	息子
finir	自他	終わる，終える
fleur	女	花
fleuve	男	（海に注ぐ大きな）河川
football	男	サッカー
forme	女	形，体調（être en forme 元気である）
fra*is*(*îche*)	形	涼しい，新鮮な
français(e)	形	フランス（人，語）の
français	男	フランス語
France	女	フランス
franchement	副	率直に，正直に
frère	男	兄，弟，兄弟
froid(e)	形	寒い，冷たい
fromage	男	チーズ
fruit	男	果物
futur	男	将来

G

garçon	男	男の子，青年
gare	女	（鉄道の）駅

gâteau	男	菓子，ケーキ
génial(e)	形	すばらしい
glace	女	アイスクリーム
gramme	男	グラム
grand(e)	形	大きい
grand-mère	女	祖母
grand-père	男	祖父
gris(e)	形	灰色の
gros(se)	形	太った
guitare	女	ギター

H

habitant(e)	名	人口，住民
habiter	自	住む
heure	女	〜時，時間（à l'heure 定刻に，à quelle heure 何時に）
hier	副	昨日
histoire	女	物語，話
hiver	男	冬
homme	男	人間，男性
horrible	形	恐ろしい，ひどい
hors (de)	前	（〜の）外に
hôtel	男	ホテル
humide	形	じめじめした，湿気の多い

I

idée	女	考え
instrument	男	道具，楽器
intéressant(e)	形	面白い
inviter	他	招待する
Italie	女	イタリア
italien(ne)	形	イタリア（人，語）の
italien	男	イタリア語

J

jamais	副	(ne ... jamais 決して〜ない)
janvier	男	1月
Japon	男	日本
japonais(e)	形	日本（人，語）の
japonais	男	日本語
jardin	男	庭
jaune	形	黄色い
jeudi	男	木曜日
jeune	形	若い
joli(e)	形	きれいな
jouer	自	遊ぶ（jouer de＋定冠詞＋楽器名　〜を弾く）
jour	男	曜日，日
journal	男	新聞
journaliste	名	ジャーナリスト，記者
journée	女	一日，昼間
judo	男	柔道
juillet	男	7月

juin	男	6月
jupe	女	スカート
jus	男	ジュース（jus d'orange オレンジジュース）
jusqu'à	前	～まで

K

kilo(gramme)	男	キログラム

L

là-bas	副	あそこで
lait	男	牛乳，ミルク
langue	女	言語
légume	男	（多く複数形で）野菜
libre	形	自由な，暇がある
lieu	男	場所
lire	他	読む，（目的語なしで）読書する
lit	男	ベッド
littérature	女	文学
livre	男	本
logement	男	宿泊，住まい
loin	副	遠くに，離れて
long(ue)	形	長い
longtemps	副	長い間
lundi	男	月曜日
lune	女	月
lunettes	女	眼鏡
lycée	男	リセ，高校
lycéen(ne)	名	高校生

M

madame	女	既婚の女性の敬称
mademoiselle	女	未婚の女性の敬称
magasin	男	店，商店（faire les magasins 買い物する）
mai	男	5月
maigrir	自	やせる
maintenant	副	今
mais	副	しかし
maison	女	家
mamie	女	おばあちゃん
manger	他	食べる
manteau	男	コート
marché	男	市場
mardi	男	火曜日
mari	男	夫
marié(e)	形	結婚している
marron	形	茶色の
mars	男	3月
match	男	試合
matin	男	朝
médecin	名	医者，医師

ménage	男	家事，掃除，片付け
mer	女	海
merci		（挨拶で）ありがとう
mercredi	男	水曜日
mère	女	母
messe	女	ミサ
méthode	女	方法
mince	形	ほっそりした
mode	女	流行，ファッション
moi	代	私，僕
moins	副	より少ない
mois	男	月
monsieur	男	男性の敬称
montagne	女	山
monter	自	上がる，登る
mourir	自	死ぬ
mur	男	壁
musée	男	美術館
musicien(ne)	名	音楽家，ミュージシャン
musique	女	音楽

N

naître	自	生まれる
natal(e)	形	生まれたところの
natation	女	水泳
nationalité	女	国籍
neige	女	雪
neiger	非動	雪が降る
Noël	男	クリスマス
noir(e)	形	黒い
nom	男	名前，名字
novembre	男	11月
nuage	男	雲
nuit	女	夜

O

octobre	男	10月
œuf	男	卵
oncle	男	伯父，叔父
opéra	男	オペラ
orage	男	雷，嵐
orange	女形	オレンジ：オレンジ色の
ordinateur	男	パソコン
où	副	どこへ，どこに
oublier	他	忘れる

P

pain	男	パン
pantalon	男	ズボン，パンツ
papi	男	おじいちゃん
parce que	接	なぜなら
paresseux(se)	形	なまけものの
parfois	副	時々

parler	自	話す
partir	自	出発する（à partir de … ～から）
passer	自	通る
pays	男	国
peinture	女	絵画
pendant	前	～の間
penser	自	考える，思う
père	男	父
personne	女	人，人間
petit(e)	形	小さい（petit(e) ami(e) 恋人）
petit déjeuner	男	朝食
petits-enfants	男	孫たち
peut-être	副	たぶん
photo	女	写真
pied	男	足（足首から下）（à pied 歩いて）
plaisir	男	楽しみ（avec plaisir 喜んで）
pleuvoir	非動	雨が降る
pluie	女	雨
portable	男	携帯電話
porter	他	持つ，着ている
possible	形	可能な，ありうる
pour	前	～のために
pour que＋接続法		～するために
pourquoi	副	なぜ，どうして
pouvoir	他	～できる
pratique	形	便利な，実用的な
préféré(e)	形	特に好きな，お気に入りの
préférer	他	～の方が好きである
prendre	他	乗る，取る
prénom	男	名前，名，ファーストネーム
présenter	他	紹介する
printemps	男	春
problème	男	問題
prochain(e)	形	次の
professeur	名	教師，教授
profession	女	職業
progresser	自	進歩する，上達する
projet	男	計画
prononciation	女	発音
proposer	他	提案する
pull	男	セーター

Q

quand	副接	いつ；～するときに
quel(le)(s)	形	どんな，どの
qui	代	誰
quoi	代	何

R

raconter	他	語る，話す
rarement	副	めったに～ない

regarder	他	見る
région	女	地方
rencontrer	他	出会う
rentrer	自	帰る
repas	男	食事
restaurant	男	レストラン
rester	自	とどまる
retard	男	遅刻（être en retard 時間に遅れる）
retraité(e)	名	定年退職者，年金受給者
rêve	男	夢
riz	男	米，（米を炊いた）ご飯
robe	女	ワンピース，ドレス
roman	男	小説
rose	形	ばら色の
rouge	形	赤い
rue	女	通り，街路
rugby	男	ラグビー

S

s'amuser	代動	遊ぶ
s'appeler	代動	名前は～である
s'ennuyer	代動	退屈する
s'imaginer	代動	～の自分を思い描く，想像する
s'occuper de	代動	～の世話をする
sac	男	かばん，バッグ
saison	女	季節
salaire	男	給料
salle de bains	女	浴室
salon	男	居間，応接間
salut		（挨拶で）やあ
samedi	男	土曜日
sans	前	～なしに
savoir	他	知っている，できる
scooter	男	スクーター
se brosser	代動	（自分の～に）ブラシをかける（se brosser les dents 歯を磨く）
se coucher	代動	寝る
se laver	代動	自分の体を洗う
se lever	代動	起きる
se promener	代動	散歩する
se relaxer	代動	リラックスする，くつろぐ
se reposer	代動	休む，休息する
sec (sèche)	形	乾燥した
semaine	女	週
septembre	男	9月
serveur(euse)	名	ウエーター，ウエートレス
seul	形	ひとりで
si	副	いいえ（否定疑問に対して答えの内容が肯定のとき）
ski	男	スキー

skier	自	スキーをする
sœur	女	姉, 妹, 姉妹
soir	男	夕方
sonner	自	鳴る
sortir	自	出かける
soupe	女	スープ
sous	前	〜の下に
souvent	副	しばしば
sport	男	スポーツ
statue	女	彫像
stylisme	男	ファッションデザイン
styliste	名	ファッションデザイナー
super	形	すばらしい
supermarché	男	スーパーマーケット
sur	前	〜の上に
sûr(e)	形	確かな（bien sûr もちろん）
sympa	形	感じのいい, 楽しい (sympathique のくだけた表現)

T

table	女	テーブル, 机
taille	女	サイズ
tante	女	伯母, 叔母
tard	副	遅く
tee-shirt	男	Tシャツ
télé	女	テレビ（télévision のくだけた表現）
télécommande	女	リモコン
téléphoner	自	電話する
télévision	女	テレビ
température	女	気温, 温度
temps	男	時間, 天気
tenez		（間投詞として）さあ, ほら
tennis	男	テニス
thé	男	茶, 紅茶
théâtre	男	演劇, 劇場
toi	代	あなた, 君
toilettes	女	トイレ, 手洗い
tomate	女	トマト
tôt	副	早く
toujours	副	いつも（depuis toujours ずっと前から）
train	男	列車, 電車

tramway	男	路面電車
tranquille	形	静かな
travail	男	仕事
travailler	自	働く, 勉強する
très	副	非常に

U

un peu	副	少し
université	女	大学

V

vacances	女	休暇, バカンス
valoir	自	〜の値段である, 〜の価値がある
vase	男	花瓶
vélo	男	自転車
vendredi	男	金曜日
venir	自	来る
vent	男	風
verre	男	コップ, グラス
vert(e)	形	緑色の
veste	女	上着, ジャケット
vêtement	男	服
viande	女	肉
village	男	村
ville	女	町
vin	男	ワイン
violet(te)	形	紫色の
visiter	他	訪れる, 見学する
voici/voilà	副	ここに〜がある（いる）
voir	他	（人に）会う, 見る
voiture	女	車, 自動車
voleur(se)	名	泥棒
vouloir	他	〜したいと思う
voyage	男	旅行
voyager	自	旅行する

W

week-end	男	週末

Z

zoo	男	動物園

動詞の一覧	同形活用の動詞	動詞の一覧	同形活用の動詞
1. chanter	danser, étudier, travailler など	13. venir	devenir など
2. acheter	(se) lever, (se) promener など	14. partir	sortir, dormir など
3. appeler	s'appeler など	15. prendre	apprendre, comprendre など
4. préférer	espérer, répéter など	16. boire	
5. manger	voyager, changer など	17. écrire	
6. commencer	avancer など	18. lire	
7. se laver	se reposer, se coucher など	19. voir	
8. finir	choisir など	20. pouvoir	
9. avoir		21. vouloir	
10. être		22. devoir	
11. faire		23. savoir	
12. aller		24. connaître	

❖ 規則動詞

a) 第一群規則動詞（-er 動詞）

1. CHANTER（歌う）

直説法現在	直説法複合過去	直説法半過去	直説法単純未来	条件法現在	接続法現在
je chante	j'ai chanté	je chantais	je chanterai	je chanterais	je chante
tu chantes	tu as chanté	tu chantais	tu chanteras	tu chanterais	tu chantes
il/elle chante	il/elle a chanté	il/elle chantait	il/elle chantera	il/elle chanterait	il/elle chante
nous chantons	nous avons chanté	nous chantions	nous chanterons	nous chanterions	nous chantions
vous chantez	vous avez chanté	vous chantiez	vous chanterez	vous chanteriez	vous chantiez
ils/elles chantent	ils/elles ont chanté	ils/elles chantaient	ils/elles chanteront	ils/elles chanteraient	ils/elles chantent

2. ACHETER（買う）

直説法現在	直説法複合過去	直説法半過去	直説法単純未来	条件法現在	接続法現在
j'achète	j'ai acheté	j'achetais	j'achèterai	j'achèterais	j'achète
tu achètes	tu as acheté	tu achetais	tu achèteras	tu achèterais	tu achètes
il/elle achète	il/elle a acheté	il/elle achetait	il/elle achètera	il/elle achèterait	il/elle achète
nous achetons	nous avons acheté	nous achetions	nous achèterons	nous achèterions	nous achetions
vous achetez	vous avez acheté	vous achetiez	vous achèterez	vous achèteriez	vous achetiez
ils/elles achètent	ils/elles ont acheté	ils/elles achetaient	ils/elles achèteront	ils/elles achèteraient	ils/elles achètent

3. APPELER（呼ぶ）

直説法現在	直説法複合過去	直説法半過去	直説法単純未来	条件法現在	接続法現在
j'appelle	j'ai appelé	j'appelais	j'appellerai	j'appellerais	j'appelle
tu appelles	tu as appelé	tu appelais	tu appelleras	tu appellerais	tu appelles
il/elle appelle	il/elle a appelé	il/elle appelait	il/elle appellera	il/elle appellerait	il/elle appelle
nous appelons	nous avons appelé	nous appelions	nous appellerons	nous appellerions	nous appelions
vous appelez	vous avez appelé	vous appeliez	vous appellerez	vous appelleriez	vous appeliez
ils/elles appellent	ils/elles ont appelé	ils/elles appelaient	ils/elles appelleront	ils/elles appelleraient	ils/ells appellent

4. PRÉFÉRER（〜の方が好きである）

直説法現在	直説法複合過去	直説法半過去	直説法単純未来	条件法現在	接続法現在
je préfère	j'ai préféré	je préférais	je préférerai	je préférerais	je préfère
tu préfères	tu as préféré	tu préférais	tu préféreras	tu préférerais	tu préfères
il/elle préfère	il/elle a préféré	il/elle préférait	il/elle préférera	il/elle préférerait	il/elle préfère
nous préférons	nous avons préféré	nous préférions	nous préférerons	nous préférerions	nous préférions
vous préférez	vous avez préféré	vous préfériez	vous préférerez	vous préféreriez	vous préfériez
ils/elles préfèrent	ils/elles ont préféré	ils/elles préféraient	ils/elles préféreront	ils/elles préféreraient	ils/ells préfèrent

5. MANGER（食べる）

直説法現在	直説法複合過去	直説法半過去	直説法単純未来	条件法現在	接続法現在
je mange	j'ai mangé	je mangeais	je mangerai	je mangerais	je mange
tu manges	tu as mangé	tu mangeais	tu mangeras	tu mangerais	tu manges
il/elle mange	il/elle a mangé	il/elle mangeait	il/elle mangera	il/elle mangerait	il/elle mange
nous mangeons	nous avons mangé	nous mangions	nous mangerons	nous mangerions	nous mangions
vous mangez	vous avez mangé	vous mangiez	vous mangerez	vous mangeriez	vous mangiez
ils/elles mangent	ils/elles ont mangé	ils/elles mangeaient	ils/elles mangeront	ils/elles mangeraient	ils/elles mangent

6. COMMENCER（始める）

直説法現在	直説法複合過去	直説法半過去	直説法単純未来	条件法現在	接続法現在
je commence	j'ai commencé	je commençais	je commencerai	je commencerais	je commence
tu commences	tu as commencé	tu commençais	tu commenceras	tu commencerais	tu commences
il/elle commence	il/elle a commencé	il/elle commençait	il/elle commencera	il/elle commencerait	il/elle commence
nous commençons	nous avons commencé	nous commencions	nous commencerons	nous commencerions	nous commencions
vous commencez	vous avez commencé	vous commenciez	vous commencerez	vous commenceriez	vous commenciez
ils/elles commencent	ils/elles ont commencé	ils/elles commençaient	ils/elles commenceront	ils/elles commenceraient	ils/ells commencent

7. SE LAVER（自分の手足や体を洗う）

直説法現在	直説法複合過去	直説法半過去	直説法単純未来	条件法現在	接続法現在
je me lave	je me suis lavé(e)	je me lavais	je me laverai	je me laverais	je me lave
tu te laves	tu t'es lavé(e)	tu te lavais	tu te laveras	tu te laverais	tu te lave
il/elle se lave	il/elle s'est lavé/lavée	il/elle se lavait	il/elle se lavera	il/elle se laverait	il/elle se lave
nous nous lavons	nous nous sommes lavé(e)s	nous nous lavions	nous nous laverons	nous nous laverions	nous nous lavions
vous vous lavez	vous vous êtes lavé(e)(s)	vous vous laviez	vous vous laverez	vous vous laveriez	vous vous laviez
ils/elles se lavent	ils/elles se sont lavés/lavées	ils/elles se lavaient	ils/elles se laveront	ils/elles se laveraient	ils/elles se lavent

b) 第二群規則動詞（-ir 動詞）

8. FINIR（終える）

直説法現在	直説法複合過去	直説法半過去	直説法単純未来	条件法現在	接続法現在
je finis	j'ai fini	je finissais	je finirai	je finirais	je finisse
tu finis	tu as fini	tu finissais	tu finiras	tu finirais	tu finisses
il/elle finit	il/elle a fini	il/elle finissait	il/elle finira	il/elle finirait	il/elle finisse
nous finissons	nous avons fini	nous finissions	nous finirons	nous finirions	nous finissions
vous finissez	vous avez fini	vous finissiez	vous finirez	vous finiriez	vous finissiez
ils/elles finissent	ils/elles ont fini	ils/elles finissaient	ils/elles finiront	ils/elles finiraient	ils/elles finissent

❖不規則動詞

9. AVOIR（持っている）

直説法現在	直説法複合過去	直説法半過去	直説法単純未来	条件法現在	接続法現在
j'ai	j'ai eu	j'avais	j'aurai	j'aurais	j'aie
tu as	tu as eu	tu avais	tu auras	tu aurais	tu aies
il/elle a	il/elle a eu	il/elle avait	il/elle aura	il/elle aurait	il/elle ait
nous avons	nous avons eu	nous avions	nous aurons	nous aurions	nous ayons
vous avez	vous avez eu	vous aviez	vous aurez	vous auriez	vous ayez
ils/elles ont	ils/elles ont eu	ils/elles avaient	ils/elles auront	ils/elles auraient	ils/elles aient

10. ÊTRE（～である，～にいる）

直説法現在	直説法複合過去	直説法半過去	直説法単純未来	条件法現在	接続法現在
je suis	j'ai été	j'étais	je serai	je serais	je sois
tu es	tu as été	tu étais	tu seras	tu serais	tu sois
il/elle est	il/elle a été	il/elle était	il/elle sera	il/elle serait	il/elle soit
nous sommes	nous avons été	nous étions	nous serons	nous serions	nous soyons
vous êtes	vous avez été	vous étiez	vous serez	vous seriez	vous soyez
ils/elles sont	ils/elles ont été	ils/elles étaient	ils/elles seront	ils/elles seraient	ils/elles soient

11. FAIRE （する）

直説法現在	直説法複合過去	直説法半過去	直説法単純未来	条件法現在	接続法現在
je fais	j'ai fait	je faisais	je ferai	je ferais	je fasse
tu fais	tu as fait	tu faisais	tu feras	tu ferais	tu fasses
il/elle fait	il/elle a fait	il/elle faisait	il/elle fera	il/elle ferait	il/elle fasse
nous faisons	nous avons fait	nous faisions	nous ferons	nous ferions	nous fassions
vous faites	vous avez fait	vous faisiez	vous ferez	vous feriez	vous fassiez
ils/elles font	ils/elles ont fait	ils/elles faisaient	ils/elles feront	ils/elles feraient	ils/elles fassent

12. ALLER （行く）

直説法現在	直説法複合過去	直説法半過去	直説法単純未来	条件法現在	接続法現在
je vais	je suis allé(e)	j'allais	j'irai	j'irais	j'aille
tu vas	tu es allé(e)	tu allais	tu iras	tu irais	tu ailles
il/elle va	il/elle est allé/allée	il/elle allait	il/elle ira	il/elle irait	il/elle aille
nous allons	nous sommes allé(e)s	nous allions	nous irons	nous irions	nous allions
vous allez	vous êtes allé(e)(s)	vous alliez	vous irez	vous iriez	vous alliez
ils/elles vont	ils/elles sont allés/allées	ils/elles allaient	ils/elles iront	ils/elles iraient	ils/elles aillent

13. VENIR （来る）

直説法現在	直説法複合過去	直説法半過去	直説法単純未来	条件法現在	接続法現在
je viens	je suis venu(e)	je venais	je viendrai	je viendrais	je vienne
tu viens	tu es venu(e)	tu venais	tu viendras	tu viendrais	tu viennes
il/elle vient	il/elle est venu/venue	il/elle venait	il/elle viendra	il/elle viendrait	il/elle vienne
nous venons	nous sommes venu(e)s	nous venions	nous viendrons	nous viendrions	nous venions
vous venez	vous êtes venu(e)(s)	vous veniez	vous viendrez	vous viendriez	vous veniez
ils/elles viennent	ils/elles sont venus/venues	ils/elles venaient	ils/elles viendront	ils/elles viendraient	ils/elles viennent

14. PARTIR （出発する）

直説法現在	直説法複合過去	直説法半過去	直説法単純未来	条件法現在	接続法現在
je pars	je suis parti(e)	je partais	je partirai	je partirais	je parte
tu pars	tu es parti(e)	tu partais	tu partiras	tu partirais	tu partes
il/elle part	il/elle est parti/partie	il/elle partait	il/elle partira	il/elle partirait	il/elle parte
nous partons	nous sommes parti(e)s	nous partions	nous partirons	nous partirions	nous partions
vous partez	vous êtes parti(e)(s)	vous partiez	vous partirez	vous partiriez	vous partiez
ils/elles partent	ils/elles sont partis/parties	ils/elles partaient	ils/elles partiront	ils/elles partiraient	ils/elles partent

15. PRENDRE （とる）

直説法現在	直説法複合過去	直説法半過去	直説法単純未来	条件法現在	接続法現在
je prends	j'ai pris	je prenais	je prendrai	je prendrais	je prenne
tu prends	tu as pris	tu prenais	tu prendras	tu prendrais	tu prennes
il/elle prend	il/elle a pris	il/elle prenait	il/elle prendra	il/elle prendrait	il/elle prenne
nous prenons	nous avons pris	nous prenions	nous prendrons	nous prendrions	nous prenions
vous prenez	vous avez pris	vous preniez	vous prendrez	vous prendriez	vous preniez
ils/elles prennent	ils/elles ont pris	ils/elles prenaient	ils/elles prendront	ils/elles prendraient	ils/elles prennent

16. BOIRE （飲む）

直説法現在	直説法複合過去	直説法半過去	直説法単純未来	条件法現在	接続法現在
je bois	j'ai bu	je buvais	je boirai	je boirais	je boive
tu bois	tu as bu	tu buvais	tu boiras	tu boirais	tu boives
il/elle boit	il/elle a bu	il/elle buvait	il/elle boira	il/elle boirait	il/elle boive
nous buvons	nous avons bu	nous buvions	nous boirons	nous boirions	nous buvions
vous buvez	vous avez bu	vous buviez	vous boirez	vous boiriez	vous buviez
ils/elles boivent	ils/elles ont bu	ils/elles buvaient	ils/elles boiront	ils/elles boiraient	ils/elles boivent

17. ÉCRIRE （書く）

直説法現在	直説法複合過去	直説法半過去	直説法単純未来	条件法現在	接続法現在
j'écris	j'ai écrit	j'écrivais	j'écrirai	j'écrirais	j'écrive
tu écris	tu as écrit	tu écrivais	tu écriras	tu écrirais	tu écrives
il/elle écrit	il/elle a écrit	il/elle écrivait	il/elle écrira	il/elle écrirait	il/elle écrive
nous écrivons	nous avons écrit	nous écrivions	nous écrirons	nous écririons	nous écrivions
vous écrivez	vous avez écrit	vous écriviez	vous écrirez	vous écririez	vous écriviez
ils/elles écrivent	ils/elles ont écrit	ils/elles écrivaient	ils/elles écriront	ils/elles écriraient	ils/elles écrivent

18. LIRE（読む）

直説法現在	直説法複合過去	直説法半過去	直説法単純未来	条件法現在	接続法現在
je lis	j'ai lu	je lisais	je lirai	je lirais	je lise
tu lis	tu as lu	tu lisais	tu liras	tu lirais	tu lises
il/elle lit	il/elle a lu	il/elle lisait	il/elle lira	il/elle lirait	il/elle lise
nous lisons	nous avons lu	nous lisions	nous lirons	nous lirions	nous lisions
vous lisez	vous avez lu	vous lisiez	vous lirez	vous liriez	vous lisiez
ils/elles lisent	ils/elles ont lu	ils/elles lisaient	ils/elles liront	ils/elles liraient	ils/elles lisent

19. VOIR（見る）

直説法現在	直説法複合過去	直説法半過去	直説法単純未来	条件法現在	接続法現在
je vois	j'ai vu	je voyais	je verrai	je verrais	je voie
tu vois	tu as vu	tu voyais	tu verras	tu verrais	tu voies
il/elle voit	il/elle a vu	il/elle voyait	il/elle verra	il/elle verrait	il/elle voie
nous voyons	nous avons vu	nous voyions	nous verrons	nous verrions	nous voyions
vous voyez	vous avez vu	vous voyiez	vous verrez	vous verriez	vous voyiez
ils/elles voient	ils/elles ont vu	ils/elles voyaient	ils/elles verront	ils/elles verraient	ils/elles voient

20. POUVOIR（できる）

直説法現在	直説法複合過去	直説法半過去	直説法単純未来	条件法現在	接続法現在
je peux	j'ai pu	je pouvais	je pourrai	je pourrais	je puisse
tu peux	tu as pu	tu pouvais	tu pourras	tu pourrais	tu puisses
il/elle peut	il/elle a pu	il/elle pouvait	il/elle pourra	il/elle pourrait	il/elle puisse
nous pouvons	nous avons pu	nous pouvions	nous pourrons	nous pourrions	nous puissions
vous pouvez	vous avez pu	vous pouviez	vous pourrez	vous pourriez	vous puissiez
ils/elles peuvent	ils/elles ont pu	ils/elles pouvaient	ils/elles pourront	ils/elles pourraient	ils/elles puissent

21. VOULOIR（〜したいと思う）

直説法現在	直説法複合過去	直説法半過去	直説法単純未来	条件法現在	接続法現在
je veux	j'ai voulu	je voulais	je voudrai	je voudrais	je veuille
tu veux	tu as voulu	tu voulais	tu voudras	tu voudrais	tu veuilles
il/elle veut	il/elle a voulu	il/elle voulait	il/elle voudra	il/elle voudrait	il/elle veuille
nous voulons	nous avons voulu	nous voulions	nous voudrons	nous voudrions	nous voulions
vous voulez	vous avez voulu	vous vouliez	vous voudrez	vous voudriez	vous vouliez
ils/elles veulent	ils/elles ont voulu	ils/elles voulaient	ils/elles voudront	ils/elles voudraient	ils/elles veuillent

22. DEVOIR（〜しなければならない）

直説法現在	直説法複合過去	直説法半過去	直説法単純未来	条件法現在	接続法現在
je dois	j'ai dû	je devais	je devrai	je devrais	je doive
tu dois	tu as dû	tu devais	tu devras	tu devrais	tu doives
il/elle doit	il/elle a dû	il/elle devait	il/elle devra	il/elle devrait	il/elle doive
nous devons	nous avons dû	nous devions	nous devrons	nous devrions	nous devions
vous devez	vous avez dû	vous deviez	vous devrez	vous devriez	vous deviez
ils/elles doivent	ils/elles ont dû	ils/elles devaient	ils/elles devront	ils/elles devraient	ils/elles doivent

23. SAVOIR（知っている，できる）

直説法現在	直説法複合過去	直説法半過去	直説法単純未来	条件法現在	接続法現在
je sais	j'ai su	je savais	je saurai	je saurais	je sache
tu sais	tu as su	tu savais	tu sauras	tu saurais	tu saches
il/elle sait	il/elle a su	il/elle savait	il/elle saura	il/elle saurait	il/elle sache
nous savons	nous avons su	nous savions	nous saurons	nous saurions	nous sachions
vous savez	vous avez su	vous saviez	vous saurez	vous sauriez	vous sachiez
ils/elles savent	ils/elles ont su	ils/elles savaient	ils/elles sauront	ils/elles sauraient	ils/elles sachent

24. CONNAÎTRE（[人・場所を] 知っている）

直説法現在	直説法複合過去	直説法半過去	直説法単純未来	条件法現在	接続法現在
je connais	j'ai connu	je connaissais	je connaîtrai	je connaîtrais	je connaisse
tu connais	tu as connu	tu connaissais	tu connaîtras	tu connaîtrais	tu connaisses
il/elle connaît	il/elle a connu	il/elle connaissait	il/elle connaîtra	il/elle connaîtrait	il/elle connaisse
nous connaissons	nous avons connu	nous connaissions	nous connaîtrons	nous connaîtrions	nous connaissions
vous connaissez	vous avez connu	vous connaissiez	vous connaîtrez	vous connaîtriez	vous connaissiez
ils/elles connaissent	ils/elles ont connu	ils/elles connaissaient	ils/elles connaîtront	ils/elles connaîtraient	ils/elles connaissent

数　Les nombres

❖ 0~19 (Leçon 2)

(021)

0	1	2	3	4	5	6	7	8	9
zéro [zero]	un [œ̃] / une [yn]	deux [dø]	trois [trwa]	quatre [katr]	cinq [sɛ̃k]	six [sis]	sept [sɛt]	huit [ɥit]	neuf [nœf]
10	11	12	13	14	15	16	17	18	19
dix [dis]	onze [ɔ̃z]	douze [duz]	treize [trɛz]	quatorze [katɔrz]	quinze [kɛ̃z]	seize [sɛz]	dix-sept [diset]	dix-huit [dizɥit]	dix-neuf [diznœf]

- un, deux, trois は母音字または無音の h で始まる単語の前でリエゾンする。 un an [œ̃nɑ̃], deux ans [døzɑ̃], trois ans [trwazɑ̃].
- six [sis], dix [dis] の発音は母音字または無音の h で始まる単語の前では、それぞれ [siz], [diz] となる。 six ans [sizɑ̃], dix ans [dizɑ̃].
- neuf [nœf] の発音は、ans と heures の前では [nœv] となる。 neuf ans [nœvɑ̃], neuf heures [nœvœr].
- six [sis], huit [ɥit], dix [dis] は子音字で始まる単語の前では、語末の子音を発音しない。 six chaises [si∫ɛz], huit chaises [ɥi∫ɛz], dix chaises [di∫ɛz], cinq [sɛ̃k] は子音で始まる単語の前では、[sɛ̃] と発音される場合もある。

❖ 20~100 (Leçon 3)

(032)

20	30	40	50	60	70 = 60 + 10	80 = 4 × 20	90 = (4 × 20) + 10	100
vingt [vɛ̃]	trente [trɑ̃t]	quarante [karɑ̃t]	cinquante [sɛ̃kɑ̃t]	soixante [swasɑ̃t]	soixante-dix [swasɑ̃tdis]	quatre-vingts [katrəvɛ̃]	quatre-vingt-dix [katrəvɛ̃dis]	cent [sɑ̃]

- vingt [vɛ̃] は母音字または無音の h で始まる単語の前でリエゾンする。 vingt ans [vɛ̃tɑ̃].
- 70, 80, 90 は、すでに学んだ数から作る。
- 他の数も、すでに学んだ数から作る。 22 (vingt-deux), 33 (trente-trois), 44 (quarante-quatre), 55 (cinquante-cinq), 66 (soixante-six), 77 (soixante-dix-sept), 88 (quatre-vingt-huit), 99 (quatre-vingt-dix-neuf), etc.
- 21, 31, 41, 51, 61, 71 には et を付ける。 vingt-et-un, trente-et-un, quarante-et-un, cinquante-et-un, soixante-et-un, soixante-et-onze.
- ただし、81, 91, 101 には et を付けない。 quatre-vingt-un, quatre-vingt-onze, cent-un.
- 新しい綴り字表記の勧告にしたがい、組み合わされた数字はすべてトレ・デュニオンより結ばれている。

Conformément aux recommandations de la nouvelle orthographe, les nombres composés sont systématiquement reliés par des traits d'union.

- 複数の s についての注意: 80 quatre-vingts には s を付けるが、後に数詞が続く場合は quatre-vingt-un のように s を付けない。

❖ 100~999 999 (Leçon 10)

(110)

100	200	300	400	500	600	700	800	900	1000
cent [sɑ̃]	deux-cents [døsɑ̃]	trois-cents [trwasɑ̃]	quatre-cents [katrsɑ̃]	cinq-cents [sɛ̃(k)sɑ̃]	six-cents [sisɑ̃]	sept-cents [setsɑ̃]	huit-cents [ɥisɑ̃]	neuf-cents [nœfsɑ̃]	mille [mil]

- 100 から 999 999 までの数は、すでに学んだ数から作る。 107 (cent-sept), 223 (deux-cent-vingt-trois), 735 (sept-cent-trente-cinq), 1 180 (mille-cent-quatre-vingts), 60 000 (soixante-mille), etc.
- 複数の s についての注意: cent は倍数には s を付けるが、後に数詞が続く場合は deux-cent-un のように s を付けない。 mille は変化しない。 deux mille.

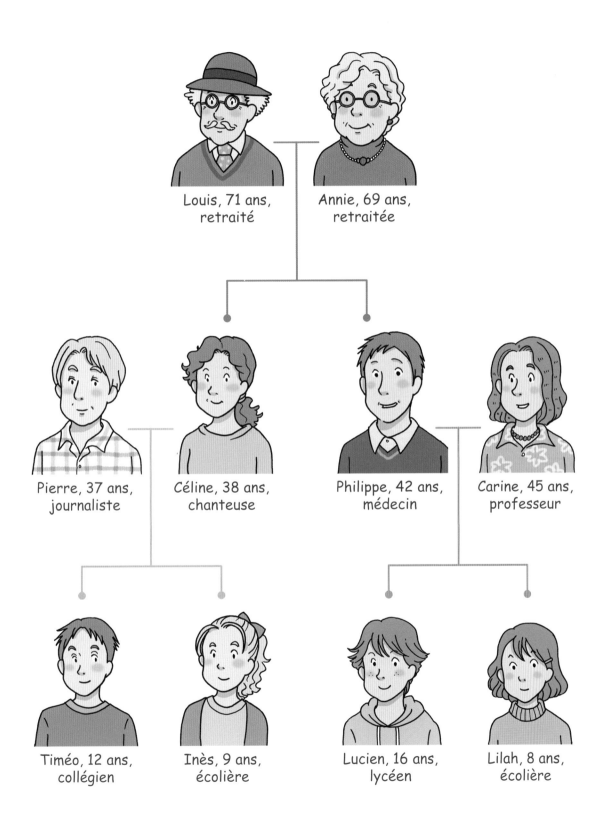

Louis, 71 ans, retraité

Annie, 69 ans, retraitée

Pierre, 37 ans, journaliste

Céline, 38 ans, chanteuse

Philippe, 42 ans, médecin

Carine, 45 ans, professeur

Timéo, 12 ans, collégien

Inès, 9 ans, écolière

Lucien, 16 ans, lycéen

Lilah, 8 ans, écolière

① Alex ② Lilah ③ Albert ④ Louis ⑤ Hugo ⑥ Emma ⑦ Thomas ⑧ Jules ⑨ Lola ⑩ Max
⑪ Colette ⑫ Simon ⑬ Sarah ⑭ Claude

  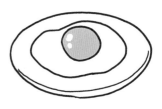

音声録音内容 Transcription des enregistrements

フランス語に親しむ　Introduction au français

Leçon 0, exercice 7, p.11

1) bonjour　2) merci　3) espagnol　4) japonais
5) français　6) au revoir

第1部　Unité 1

Leçon 3, exercice 5, p.23

Bonjour ! Je m'appelle Marina. J'ai 23 ans et j'étudie en Espagne. J'ai un frère : il s'appelle Léo et il a 25 ans. Il est journaliste. Ma mère s'appelle Julie. Elle a 51 ans et elle est musicienne. Mon père, Paul, a 48 ans. Il ne travaille pas.

Bilan 1, exercice 3, p.32

17 – 88 – 35 – 16 – 59 – 23 – 73 – 47

Bilan 1, exercice 4, p.32

1. Bonjour ! Je m'appelle Noé. J'ai 18 ans. Je suis français et j'habite en Angleterre. J'étudie l'anglais à l'université. J'ai deux sœurs : elles habitent en France avec mes parents. J'aime beaucoup voyager et étudier les langues : je parle français, anglais et un peu chinois.

2. Bonjour ! Je m'appelle Anaïs. Je suis française et j'ai 21 ans. J'ai un frère et une sœur. Ils habitent à Lyon, en France. Moi, j'habite au Japon parce que je suis étudiante à Tokyo. Je parle français, japonais et un peu anglais. J'aime beaucoup la cuisine japonaise. J'aime aussi la littérature et la peinture.

第2部　Unité 2

Leçon 6, exercice 4, p.39

Ex. : C'est une fille qui porte un pull rouge et une jupe verte.

a) C'est une fille qui a les cheveux noirs et longs.
b) C'est un homme qui porte un pantalon gris et une chemise bleue.
c) C'est un garçon qui danse et qui porte un pantalon rouge.
d) C'est une femme qui porte un manteau bleu et qui a les cheveux blancs.

Leçon 7, exercice 4, p.43

Ex. : – On va à l'hôtel comment ? À pied ou en taxi ?
　　　– On y va à pied. Je n'aime pas prendre le taxi.

a) – Bonjour Éva ! Tu vas où ?
　　– Je vais à l'université.
　　– Ah bon ? Moi aussi. Tu y vas comment, toi ? À pied ?
　　– Non, je préfère prendre ma voiture. Tu viens avec moi ?
　　– D'accord. Merci !

b) – Pardon. Où est la boulangerie, s'il vous plaît ?
　　– Elle est en face de la gare.
　　– J'y vais à pied ?
　　– Oui, bien sûr, c'est à côté d'ici.

c) – Je vais au supermarché. Tu viens avec moi ?
　　– Oui, on y va comment ? À vélo ?
　　– Non, je n'ai pas de vélo.

– On y va en bus, alors ?
– D'accord.

Leçon 8, exercice 2, p.47

Ex. : Il est midi et demie.

a) Il est deux heures moins le quart.
b) Il est cinq heures moins cinq.
c) Il est onze heures vingt.
d) Il est huit heures et demie.
e) Il est sept heures et quart.

第3部　Unité 3

Bilan 3, exercice 1, p.76

– Je vais au supermarché. On mange quoi ce soir ?
– Du poisson avec des légumes ?
– Ah non, du poisson, j'en ai mangé ce midi...
– De la viande, alors ?
– D'accord, je prends de la viande. Et des tomates ?
– Oui, un kilo de tomates, s'il te plaît.
– Avec la viande, on boit un peu de vin ?
– Oui, bonne idée. Et on mange du fromage ?
– D'accord, j'achète du vin et du fromage. C'est tout ?
– Non, il n'y a pas de pain.
– Entendu. Je vais aussi à la boulangerie.

Bilan 3, exercice 3, p.76

1102 – 503 – 916 – 2413 – 652 – 82 – 151 – 999

第4部　Unité 4

Bilan 4, exercice 1, p.92

– Bonjour Samuel, ça va bien ?
– Oui, et toi Julien ?
– Très bien. Est-ce que tu veux faire du tennis aujourd'hui ?
– Ah non, je suis désolé, mais aujourd'hui, je ne peux pas ; je dois aller à la bibliothèque. Hier, j'ai travaillé toute la journée, et je n'ai pas eu le temps d'étudier...
– Et demain ?
– Demain, ce n'est pas possible ; j'ai des examens d'anglais et d'espagnol.
– Et dans trois jours, le jeudi 5, est-ce que tu pourras ?
– Non, mercredi, je partirai en voyage en Belgique avec Magali. Nous y resterons jusqu'à jeudi. Et vendredi, j'irai chez mes parents à Lille.
– Et le week-end prochain, est-ce que tu seras libre ?
– Samedi, je dois travailler. Mais dimanche, pas de problème, je serai libre.
– Très bien, je te téléphonerai dimanche matin.
– Entendu. À bientôt !

第5部　Unité 5

Leçon 18, exercice 4, p.97

Ex. : C'est un garçon dont la mère est chanteuse.
a) C'est une femme dont le père s'appelle Louis.
b) C'est un homme dont la femme a 45 ans.
c) C'est une fille dont la cousine a 9 ans.
d) C'est une femme dont le mari est retraité.

フラッシュ！
－絵とアクティヴィテで学ぶフランス語－
（三訂版）

Emmanuel ANTIER

三上 純子　　　著

Michel SAGAZ

2020. 2. 1 三訂版　　　発行
2023. 4. 1 三訂版 4 刷　発行

発行者　井 田 洋 二

〒 101-0062 東京都千代田区神田駿河台 3 の 7
発行所　電話　03(3291)1676 FAX 03(3291)1675
　　　　振替　00190-3-56669

株式
会社　駿河台出版社

製版・印刷・製本　フォレスト

ISBN978-4-411-01132-9　C1085

http://www.e-surugadai.com

LA FRANCE

ANGLETERRE

HOLLANDE

ALLE-MAGNE

Dunkerque

FLANDRE

BELGIQUE

Calais

Boulogne

Lille

Arras

LUXEMBOURG

MANCHE

Dieppe

Somme

Amiens

PICARDIE

Rhin

Le Havre

Rouen

Reims

LORRAINE

Metz

Cherbourg

Caen

ÎLE-DE-FRANCE

CHAMPAGNE

Strasbourg

Rhin

St. Malo

Versailles

Paris

Marne

Nancy

ALSACE

Brest

Mt. St. Michel

Chartres

Meuse

Domremy

Vosges

St. Brieuc

NORMANDIE

BEAUCE

Seine

Moselle

Rennes

Orléans

Troyes

BOURGOGNE

Saône

FRANCHE-COMTÉ

Besançon

BRETAGNE

Le Mans

Doubs

Carnac

Angers

Tours

Chambord

Loire

Dijon

Jura

SUISSE

St. Nazaire

ANJOU

Amboise

Bourges

Le Creusot

Mâcon

Nantes

Chinon

TOURAINE

Châteauroux

Alliers

Genève

VENDÉE

POITOU

Poitiers

Vichy

Lyon

Chamonix

La Rochelle

Clermont-Ferrand

SAVOIE

Cognac

Limoges

St. Étienne

DAUPHINÉ

ITALIE

OCÉAN ATLANTIQUE

Angoulême

AUVERGNE

Massif central

Grenoble

Dordogne

Alpes

Bordeaux

Aurillac

Rhône

MONACO

GUYENNE

Agen

Garonne

Toulouse

Cévennes

Nîmes

Avignon

PROVENCE

Nice

Biarritz

GASCOGNE

Camargue

Arles

Aix

Côte d'Azur

Pau

LANGUEDOC

Marseille

PAYS BASQUE

Lourdes

Toulon

Luchon

Perpignan

Pyrénées

Andorre

ESPAGNE

MER MÉDITERRANÉE

Bastia

HAUTE CORSE

CORSE

Ajaccio

CORSE DU SUD